JN216536

稲盛和夫の実践アメーバ経営

全社員が自ら採算をつくる

稲盛和夫
京セラコミュニケーションシステム

日本経済新聞出版社

まえがき

日本経済はバブル経済崩壊後、長期にわたる低迷から抜け出せていない。大企業だけでなく中小企業の多くもかつての勢いを取り戻せないでいる。その原因としては、デフレ体質から抜け出せないことや急速に進む少子高齢化、さらには厳しさを増すグローバルな競争環境などが挙げられるかもしれない。しかし、私はそうした外的な要因だけでなく、もっと根本的な内的要因もあると感じている。

第二次世界大戦後、多くの日本企業はひとりひとりの社員の高いモラールや勤勉性を大切にし、全社員の力を生かすことで荒廃のなかから立ち上がり、発展してきた。愛社精神に溢れ、会社の発展を自分のことのように願うすばらしい社員とともに成長してきたのである。

ところが、日本経済がピークに達したバブル経済期ごろより、会社と社員との関係が変わってきた。私は、社員ひとりひとりの会社への思いや能力が十分に生かせなくなっているのではないか、それが長期にわたる日本経済低迷の根本的な原因のひとつとなっているのではないかと考えている。

経営者や一部の幹部、エリートだけで経営をしていくことには限界がある。事業を伸ばすためには、すべての社員に経営に参加してもらい、全員の力を結集していくことが不可欠である。

私自身、一貫して「人の心」というものを大切にし「全員参加経営」を目指してきた。京セラだけでなくＫＤＤＩにおいても、日本航空（ＪＡＬ）においてもである。

人の心をベースとした経営

私が「人の心」を大切にするのは、京セラ創業の経緯が関係している。

京セラは周囲の方々の温かい支援によって生まれた会社である。１９５９年、京都の碍子《がいし》メーカーを辞めたとき、私を見込んでくださった方々が「稲盛くんの技術を世に問う会社をつくってあげよう」と言って出資してくださった。なかには「男が男に惚れたのだから」と、自身の家屋敷を抵当に入れてまで資金を提供してくださった方もいた。

その方々が経済的にゆとりのなかった私に技術出資を認めてくださったおかげで、私は初めからオーナー経営者としての道を歩ませていただくことができた。自分を信じてくださった方々の信頼と期待に応えようという気持ちで必死に経営に打ち込んだ。

もともと勤めていた碍子メーカーからは7人の仲間がついてきてくれた。彼らは「稲盛さんが独立するなら、ぜひ一緒についていきたい。もし経営が厳しくなれば、皆が日雇い労働をしてお金を稼ぐので、稲盛さんは研究に専念してください」とまで言ってくれた。

人の心は移ろいやすいものだが、ひとたび強固な絆で結ばれれば、これほど頼りになるものはない。仲間からは、心と心が結ばれた同志として支えてもらった。資金も信用も実績もない京セラが成長発展を遂げることができたのは、そうした「人の心」をよりどころとしてきたからである。

経営の目的をどこに置くか

私にとって経営の目的とは、すべての社員の幸せを追求することである。これは私の揺るぎない信念であり、創業3年目に掲げた京セラの経営理念に明記している。

全従業員の物心両面の幸福を追求すると同時に、
人類、社会の進歩発展に貢献すること。

この経営理念にいたったのは、その前年に採用した高卒の社員から待遇改善の要求を突きつけられたことがきっかけだった。彼らは私に対して、将来の昇給や賞与の保証を迫ってきた。

まだ経営に自信のなかった私は、嘘をついてまで彼らを引きとめることはできないと考え、「そのようなことはできない」ときっぱり答えた。将来の約束はできないが、皆がこの会社で働いてよかったと思えるように会社を必ず立派にしたいと思うので、私を信じてほしいと説得した。

三日三晩の話し合いの末にようやく皆が納得して、会社に残ってくれることになった。

もともと京セラは、「稲盛和夫の技術を世に問う場」としてつくってもらった会社である。そんなささやかな会社であっても、若い社員たちは一生を託そうと思って入社してくるのだと思い知らされた私は、京セラをつくったのは失敗だったとまで思い、後悔した。まだ親兄弟の面倒さえ思うように見ることができていないのに、たまたま会社に就職した社員の一生涯の生活を保証しなければならないとは、あまりにも割に合わないと思ったのである。

しかし、考え続けた末に、会社とは経営者の個人的な夢を果たすためにあるのではなく、社員とその家族の生活を守り、皆の幸せを実現するために存在するのだという結論にいたった。

こうして私は技術者としての夢をあきらめ、社員の幸せのために会社を経営していこうと決めたのである。

このことは、その後の私の経営において、たいへん大きな意味を持つことになる。「全従業員の物心両面の幸福を追求する」という目的によって、経営者である私はもちろん、すべての社員が京セラを「自分の会社」だと思い、自分の会社を立派にしていくために全力で仕事に打ち込んでくれるようになった。

私と社員との関係も、経営者と労働者、使う人と使われる人といったドライなものではなく、同じ目的のために努力を惜しまない「同志」と呼べるようなものとなっていった。社員のあいだにも同じように強い仲間意識が芽生えていった。

アメーバ経営を実践する

この「心をベースとした経営」と「経営理念」を実現するためにつくり出したのが、本書で述べるアメーバ経営である。

アメーバ経営では、会社を小さな組織に分け、それぞれを「アメーバ」と呼ぶ独立採算部門にしていく。ひとつひとつのアメーバは「売上最大、経費最小」という経営の原理原則を全員で実践する。リーダーは自分のアメーバの目標をメンバーと一緒に立て、その達成を目指す。メンバーも、それぞれの持ち場・立場で目標達成に向けて努力し、個人の能力を最大限に発揮していく。

その結果、社員は仕事を通じて自身の成長を実感し、目標を仲間とともに達成する喜びを味わう。このような全員参加経営によって、経営理念の「全従業員の物心両面の幸福」を追求していくのである。

アメーバ経営によって京セラは、創業以来一度も赤字になることなく発展を続けている。同じく私が創業し、アメーバ経営を導入した第二電電（現ＫＤＤＩ）や、私が再建に携わりアメーバ経営を導入した日本航空も高収益を維持している。

当初、アメーバ経営は京セラ独自の経営ノウハウであり、門外不出にすべきだと考えていたが、多くの方々に知ってもらい、活用してもらうことが社会の発展に役立つと考え、2006年に『アメーバ経営』（日本経済新聞出版社）という書籍を出版させていただいた。おかげさまで同書は好評を博し、現在も多くの方々に読み継がれている。

一方で、もう少しくわしいアメーバ経営の解説書がほしいという声もいただくようになった。また、冒頭にも述べたように、日本経済低迷の要因のひとつが社員ひとりひとりの思いや能力を十分に生かせていないことにあると考えていたので、アメーバ経営の価値をさらに多くの方々に理解してもらうことは意義のあることだと考えるようになった。

そこで、私とアメーバ経営のコンサルティング事業を手がけている京セラコミュニケーションシステム（ＫＣＣＳ）が著したのが本書である。

本書では第1、2章で私がアメーバ経営の概要と経営哲学の果たす役割を、第3～5章でアメーバ経営を導入し高収益企業として生まれ変わった日本航空の事例を含め、ＫＣＣＳがアメーバ経営の具体的な進め方を解説している。

アメーバ経営は、社員ひとりひとりが経営者と思いを共有し、同じ目標を目指す経営システムである。経営者ひとりだけでなく経営者を含む全社員で自分たちの物心両面の幸福を追求する。アメーバ経営を正常に機能させるためには、精緻な管理会計の仕組みだけでなく、その仕組みに合致した社内制度の構築も必要である。何よりも経営哲学、すなわちフィロソフィを浸透させることが欠かせない。本書ではアメーバ経営を実際に機能させるためには「何をしなければならないのか」などをわかりやすく述べている。

どのような企業であれアメーバ経営を導入して正しく機能させることができれば、ひとりひとりの社員が主役になれる経営が実現し、日本航空でそうであったように業績は一気に改善すると私は確信している。

本書では、そのために必要なことを述べている。経営者だけでなく多くのビジネスパーソンに読んでいただき、それぞれの組織の発展に役立てていただきたい。本書が日本経済がその輝きを取り戻す一助になることを願ってやまない。

２０１７年８月

稲盛 和夫

稲盛和夫の実践アメーバ経営

目次

第4章 採算管理でやる気を引き出す――運用ルールの構築 ……91

第5章 全社員が自らの意志で採算をつくる ……167

装丁――佐々木由美〔デザインフォリオ〕

第1章

哲学の共有が欠かせない

経営において一番大事なこと

経営において一番大事なことはトップである社長が立派な考え方や哲学を持つことであり、その考え方や哲学を従業員と共有することである。アメーバ経営をおこなうにあたっては、このことを最初に手がけなければならない。

立派な考え方や哲学を持つことは人生を歩いていくうえで必要なもので、私は次の方程式を用いて説明している。

人生・仕事の結果　＝　考え方×熱意×能力

人生・仕事の結果は、「考え方」「熱意」「能力」の掛け算である。

「能力」とは、知能や運動神経、健康など、両親あるいは天から与えられたものだが、これに「熱意」という要素が掛かる。やる気や覇気のまったくない無気力で自堕落な人間から、人生や仕事に対して燃えるような情熱を抱き、懸命に努力を重ねる人間までいるように、熱意には個人差があり、能力があればあるほど、熱意が強ければ強いほど、よりよい人生・仕事の結果が得られる。

さらにはこれに「考え方」が掛かる。掛け算であるので、もし「マイナスの考え方」を持っていれば能力があればあるほど、熱意が強ければ強いほど大きなマイナスになってしまう。逆に「プラスの考え方」を持っていれば、人生・仕事の結果はさらに高いプラスの値となる。

これが私の考えている、すばらしい人生を送るための方程式である。

しかし、トップと従業員が考え方や哲学を共有するといっても、自ら先頭に立って会社を率いていかなければならない経営者と従業員とでは置かれている立場が大きく違う。経営者は担うべき責任がたいへん重く、それを自覚すればするほど緊張感と責任感に押しつぶされるような思いで毎日を送っているが、それを分担したいと思っても担ってくれる人は誰もいない。

よくいわれるようにトップに立つ人間は常に孤独なのだ。従業員に語りかけてもそっぽを向いてしまう者、不平不満をぶつけてくる者、ついには辞めてしまう者まで出てくる。残った従業員はどうかというと頼りにならない――。中小零細企業の経営者は皆そうした悩みを抱えている。一方、先代を継いだ2代目、3代目の社長の場合は、先代が社長だった時代からいる従業員たちと考え方を共有しようとして苦労している。

京セラが中小零細企業だったころの私は、従業員たちがなかなか自分と同じ気持ちになってくれないとたいへん悩んだ。

私が会社を始めた１９５９年（昭和34年）は、戦争が終わってまだ14年しか経っていないころで、当時の京都は共産党系の府政が長く続くなど革新色の強い町だった。学校教育でも日教組の影響力がたいへん強く、左傾化した教育がなされていたので、働く人たちは皆、不信感を持って経営者を見ていた。「経営者は労働者から搾取している。だから労働者は経営者のいいなりになってはならない」という考えが一般的だった。

そうした風潮のなかで、経営者と従業員の考え方や思いは大きく乖離していた。従業員は使用人として経営者に搾取される側の人間で、給料をもらうために渋々働くものだ。そう信じ込んでいつも不平不満を持ち、ぶつぶつ言いながら働く従業員も少なからずいた。それが当時の普通の企業だった。

いまはそうした風潮はないにしても、経営者と従業員のあいだが大きく乖離している会社もある。たとえ立派に見える大企業であっても、「経営者と従業員が同じ考え方や哲学を持っている」という例は少ないのではないだろうか。さらには、考え方や哲学を共有しようとする努力さえしていない会社もあると思う。

家族のような関係を築く

当時、悩んだ末に私が思ったのは、経営者と従業員が家族のような関係であればよいということだった。単に「使う者」と「使われる者」という関係ではなく、親が子を思い、子も親のことを思うように、経営者と従業員が互いに相手のことをやさしく思いやる「家族のような関係」を会社のなかにつくれないかと考えた。私はそうした労使関係を「大家族主義」と名づけて、今後はそれをベースとして経営していこうと思った。

しかし、家族のような関係を社内に築こうといっても、しょせんは赤の他人だ。「親子の関係でやりましょう」とどれほど言っても簡単にうなずくはずはない。そのため、まずは「企業経営者として、この会社をどのように経営していくのか」という考え方や哲学を確立し、それを共有することで同じ判断基準を持てるようにした。いろいろ勉強して思いついたことを書きとめ、それを共有してもらうためにことあるごとに話をした。

ただ、当時はそういうことを従業員に話しても、「考え方は自由じゃないか」と受け取られることが大半だった。民主主義社会では、どんな考え方で会社に勤めるのか、どんな考え方で人生を歩くのかは個々人の自由だ、というのである。「自分はこういう人生観で生きていきたいと思うし、こういう考え方で会社経営をしていこうと思っている。それを理解してくれ」といっても、「社長の考え方をわれわれに強制するのはおかしいのではないか」と返ってくる。特にインテリの従業員ほど強く反発してきた。

「確かにどのような考え方をしようと自由だ。しかし、うちの会社はこういう考え方で経営をしていくつもりだから、うちの会社で一緒にやっていこうと思うのなら、ぜひそれを理解してもらいたい。理解できない人は自分の考えを理解してもらえる会社に行ってもらってよい」

そのように話しながら、私は一生懸命、自分の考えを伝えていった。

経営者意識を持った人材を育てる

そうして経営者と従業員がお互いの気持ちを理解し、お互いがお互いのために尽くしてあげようと思う文化ができてくると、今度はさらに欲が出てくる。自分と同じように経営責任を担ってくれる人（パートナー）がほしいと誰しも思うようになる。

経営者意識を持った人材をどうやって育成していけばいいのか。前著『アメーバ経営』で私はこう述べている。

創業当時、私は開発、製造、営業、管理など、すべての部門を直接指揮していた。製造現場に何か問題があればすぐに走っていって指示したり、注文を取るために客先を訪問したり、また、クレームにも先頭に立って対応するというように、ひとりで何役もこなさなければならなかった。多忙を極めた私は、孫悟空のように自分の毛を抜き、ひと吹きすれば自分の分身が出てくればいいのにと真剣に考えたほどである。自分の分身をたくさんつくり、「おまえはお客様のところへ営業に回れ」「おまえは製造の問題を解決しろ」と命令できれば、どれだけ助かるだろうと思った。

忙しさだけが問題ではない。どんな会社でも経営者とは孤独なものである。トップとして最終的に決断を下し、責任を負わなければならないので、常に心細さがつきまとう。私の場合、それまでに会社を経営した経験もなかったため、なおさらのことだった。自分と苦楽をともにし、共同経営者としての責任を感じてくれる仲間がほしいと心の底から思った。

会社がまだ小さなときには、たとえ忙しくても経営者が会社全体をひとりで見ることができる。しかし、会社が大きくなるに従い、製造や営業、開発など、会社のすべてをひとりで見ていくことは次第に困難になる。そうすると、「おまえは営業だけでも責任を持って見てくれ、製造はおれが面倒を見るから」というように、まず製造部門と営業部門の組織を分けるのがメーカーであれば一般的だろう。

それでも、なお業容が拡大すれば、営業部門、製造部門など、各部門をひとりで管理することもできなくなる。営業部門であれば、組織を地域ごとに分け、西日本営業と東日本営業に分けることになる。さらに顧客が増えれば、西日本営業をそれぞれ関西地区と中国地区、四国地区、九州地区というように組織を分けていく。製造部門でも採算を細かく見ていこうとするなら、製造部門の責任者がひとりで管理していくことは不可能になる。製品の品種別や工程別に組織を分けていくことを考えるだろう。

会社の規模が拡大し、経営者や各部門の責任者が会社全体を管理することが不可能となったときでも、組織を小さなユニットに分けて独立採算にしておけば、そのリーダーが自分のユニットの状況を正しく把握できる。また、小さなユニットのオペレーションを任されたリーダーも、少人数の組織であるがゆえに日々の仕事の進捗状況や工程管理などの組織運営を容易におこなうことができ、特別高い管理能力や専門知識を持たなくても自部門の運営が的確におこなえる。

それだけではない。小さなユニットであってもその経営を任されることで、リーダーは「自分も経営者のひとりだ」という意識を持つようになる。そうなるとリーダーに経営者としての責任感が生まれてくるので、業績を少しでもよくしようと努力する。つまり、従業員として「してもらう」立場から、リーダーとして「してあげる」立場になる。この立場の変化こそ、経営者意識の始まりなのである。

そうなれば、「一定時間を働けば、一定の報酬がもらえる」という立場から180度変わって、今度はメンバーの報酬を払うために自らが稼ぐ立場になる。そのため、自己犠牲を払ってでも経営をよくしていこうと思うようになる。こうして、経営責任をともに負ってくれる共同経営者が、リーダーのなかから次々と誕生してくるのである。

アメーバ経営を始めたおかげで、共同経営者としての自覚を持ったリーダーが京セラには数多く誕生した。アメーバ経営を始めてから現在にいたるまで、京セラのアメーバリーダーは各アメーバですばらしい経営をおこなってくれている。

アメーバ経営の目的のひとつは、一般従業員を、経営者意識を持った共同経営者に育成していくことである。自分とともに経営をしてくれる優秀なパートナーをひとりでも多く育てていきたい。そう考えて私は「アメーバ経営」を考案した。

独立採算組織に分割する

アメーバ経営では会社の組織を、それぞれ独立して採算を見ることができる単位――明確な収入が存在し、その収入を得るために要した費用を明確に算出できる単位に分割していく。

たとえば、製造業の場合、普通はまず製造部門と営業部門に分ける。そして、製造部門が大きくなれば製造A、製造B、製造Cに、営業部門が大きくなれば支店A、支店B、支店Cと分けていく。組織を分割し、それぞれの組織に経営を担ってもらう責任者を置いていく。

もう少し具体的に説明する。3店舗のラーメン屋をチェーン展開して経営している会社があるとしよう。

ラーメン屋を運営していくためには麺が必要だ。麺は、社外の製麺所から仕入れてそれぞれの店舗に納入する場合もあれば、大量に必要なので自社でつくる場合もある。自社でつくるときの原価と外部から仕入れたときの価格を比べて、自社でつくったほうが安ければ、社内で麺をつくる部門を設けることもある。

スープも同様だ。麺もスープも自社でつくるならそれを各店舗に供給し、各店舗の店長は支給された麺とスープを使って店舗ごとに経営をする。

そのとき、麺をつくる部門もスープをつくる部門も独立採算とする。小麦粉を仕入れて麺をつくり、外部の製麺業者よりも安く店舗に供給して利益が出るようにする。スープ部門も、なるべく安くて美味しいものを独自につくって各店舗に供給できるよう独立採算で運営する。

こうしてラーメンチェーンを展開しているこの会社では、製麺部とスープ製造部それぞれの売上と経費、利益を、営業部ではA店、B店、C店それぞれの店舗の売上と経費、利益を算出する。これらを合計して会社全体の業績が算出されていく。

これは、製造部門を持たない会社でも同じである。

たとえば、食料品店で、野菜を売っていれば、缶詰や乾物といった加工食品も魚も肉も売っている。田舎に行けばそういう店をよく見かけるが、この場合もできるだけ細かく分けていく。

野菜を売って得たお金と乾物を売って得たお金、魚を売って得たお金の入れ物をそれぞれ別々にしておけば、その夜、どの部門がいくら儲かったのかわかるからだ。別々に勘定した売上から、それぞれの仕入額を引けばよい。

野菜部門の売上と乾物部門の売上、魚部門の売上をそれぞれ分けて計上していけば、このように部門別の採算がわかる。

いろいろな商品を取り扱っていながら、それをひとまとめにして売上や仕入を見ていくのは「どんぶり勘定」だ。どこが儲かっていてどこが儲かっていないのかがわかる部門別採算管理をおこなうために、アメーバ経営では収入やその収入に対する経費がはっきりとわかる単位に組織を分けるようにしている。

部門間の利害対立を解消する

ただし、組織を分割していくときに考えておかなければならないことがある。必ず部門間の利害対立が起きるのである。

少しでも高く売りたい製造部門と、なるべく安く買いたい営業部門の利害はお互いに反する。本来なら「会社」という同じ船に乗り、協力し合わなければならないのだが、売り切りや買い切りといった商習慣のなかで独立採算制をとった場合には両者の利害がぶつかり、社内はギクシャクする。不協和音に満ちてうまくいかなくなってしまう。

そこで、注文をもらって生産する受注生産については、日本の大手商社がとっている「コミッション制」を参考にした。

大手商社がメーカーからモノを仕入れて販売する場合、どのくらいのマージンを取っているのかを調べてみた。あまりくわしく調べることはできなかったが、大量のモノを扱う場合には3～4％のマージンを取っていることがわかった。創業当時の京セラはすべて受注生産で、まずは大手電機メーカーから注文をもらい、それから生産して納めるので、品物が売れ残るというリスクはほとんどなかった。そこで「当社の営業は売上の10％を口銭とする。製造部門は10％を営業に払いなさい」と決めた。

たとえば、電機メーカーから注文をもらったとする。その注文伝票には単価が記入されている。そのうちの10％を製造部門が営業部門に営業口銭として渡す。

このため製造部門は、受注金額から10％を引いた残りから材料費などすべての経費を引いて利益が出るような経営をしなければならない。一方、営業部門は、10％のマージンからすべての営業経費を支出しても利益が出るように経営する。ほとんどが受注生産だった創業当初はこうして利益を出していくように決めた。

しかし、その後、見込生産の形態が出てくるとそう単純にはいかなくなった。受注生産では在庫リスクが発生しないので営業部門は10％のマージンで十分経営していくことができたが、汎用部品や一般消費材の場合は在庫を抱えて売るため、在庫が売れ残ってしまうかもしれない。在庫をさばくために大々的に宣伝広告をすれば、その費用負担がかかってくるが、それ以外にも流通業者の倒産によって売掛金が焦げつくかもしれない。となれば、業種や取扱商品によって営業部門のマージンを変えなければならない。

いまでは京セラも、複写機やプリンターなど、さまざまな製品で見込生産をおこなっている。京セラではこれを「在庫販売方式」と呼んでいる。在庫販売方式では、製造部門から営業部門に製品を引き渡す際の社内販売価格（製造出し値）を設定する。それが製造部門の収入となり、製造出し値とお客様への販売価格との差が営業部門の収益となる。

こうして、社内販売価格を設定したとしても、市場価格が値下がりしたときなどは営業担当と製造担当の役員がそれぞれ「自分たちの取り分を減らさないでくれ」と主張して社内の対立構造が残る。

そのような争いをなくすために不可欠なのが、冒頭で述べた考え方、つまりフィロソフィである。フィロソフィとは、私が人間として何が正しいのかと自らに問い、正しいことを正しいままに貫いていくなかから導き出した実践哲学である。誰もが両親や学校の先生から教わってきた「嘘をつくな」「正直であれ」「人をだましてはいけない」「欲張るな」といった言葉、すなわち、正義や公正、公平、誠実、謙虚、努力、勇気、博愛などの言葉で言い表される普遍的な考え方のことである。つまり、誰から見ても正しいと思われる価値観、判断基準なのである。

役員同士が「もっとマージンをよこせ」「いや、これ以上は払えない」とただ角を突き合わせるのではなく、相手の事情を聞いて自分の事情も話し、そのなかで会社にとって最も適正な、互いに納得できる一致点を見出す。そこにはフィロソフィが欠かせない。

そのため、幹部はもちろん全従業員がフィロソフィを理解し体得し、共有しなければならない。まずは、経営者と社員がフィロソフィを共有する。そうしなければ利害対立を収拾することも、経営者意識を持った人材を育てることもできない。

全社員が会社経営に参画する

会社創業後しばらくしてからアメーバ経営のコンセプトを生み出し、組織を小さなユニットに分割して、それぞれに「あなたはこの部門の経営をしてください」とリーダー候補の若手を配置していった。

その時点ではまだ経営者としての力量がわからないので、「このくらいの小さなオペレーションであれば、この人でも経営を見ていくことができるだろう」と考え、その人物に見合った部署の運営を任せていった。

ところが、組織を分割して「あなたはこの部門の経営責任を持つのですよ」といっても、その人たちにとってはそもそも経営が何であるかがよくわからない。仕事をしながら教えていくにしても、損益計算書が理解できなければ小さな組織の経営すらできない。

会計の素養がない叩き上げの社員たちにも経営者として経営の一翼を担ってもらうために、私は誰にでもわかる損益計算書をつくりあげた。それが「時間当り採算表」である。

これを見れば、それぞれのアメーバを任された人たちが経営にあたることができる。くわしくは本書の第5章で説明するが、重要なことは、アメーバの経営を任されたリーダー、つまり経営責任を分担してくれるパートナーだけが採算表を見るわけではないということだ。経営をガラス張りにして経営情報を包み隠さず知らせ、アメーバにいる従業員はもちろん、パート社員にまで現在の採算を理解してもらう。

各アメーバでは月初めに「予定」と呼ぶ1カ月の計画を作成する。「自分たちの部門は今月いくらの売上をあげよう。その売上をあげるための材料費と電気代、雑費はこれだけに抑えよう」と全員で考えていく。

アメーバのリーダーが「うちの部門では来月、これだけの売上をあげたいと思っている。それには過去の経験から、これだけの経費がかかるだろう。しかし、この項目の費用をもっと少なくしたい」と言えば、パート社員が「それなら、水道から水が勢いよく出すぎていると思うので節水器具をつけましょう」と意見を出す。そしてその意見が採用され、電力水道料の経費予定が減額となる――。こうして予定がつくられていく。

実際にその予定で経営をして月末に結果が出てきたときも、アメーバのリーダーは自分ひとりではなく部下全員とその結果を見ていく。そして、「今月の結果を分析した。来月はどう改善していこうか」と言いながら、部下の意見も入れて知恵を出し合いながら次の手を打っていく。これがアメーバ経営のやり方である。

私は常々、京セラの幹部社員たちに言っているが、アメーバのリーダーにとってこの採算表は、飛行機のコックピットに並んでいるメーターと同じである。パイロットがコックピットにたくさん並んでいるメーターを見ながら飛行機を操縦するように、採算表を見ながらアメーバを経営する。

経営は飛行機の操縦と同じだといえる。パイロットは、いま高度はいくらなのか、エンジン出力はいくらなのか、どれほどのスピードで飛んでいるのか、残っている燃料の量はいくらなのかといった情報をすべてコックピットに並んでいるメーターから読み取り、それを理解したうえで操縦している。そうしなければ、飛行機を安全に目的地まで飛ばすことはできない。経営者も同じように、採算表に細かく出ている数字を見ながら、安全な経営をしていかなければならない。

採算表を用いてアメーバの経営状態をパート社員にまで全員がわかるようにする。そうすることで、ひとりひとりが主役になって会社経営に参画する。これがアメーバ経営の要諦である。

第2章

日本航空を再建した全員参加経営

第1章では、アメーバ経営を実践するにあたり、経営者と従業員が同じ考え方や哲学を共有することが欠かせないことを述べたが、それは日本航空（ＪＡＬ）の再建でも生かされた。フィロソフィをベースにした社員たちの意識改革がなければ、アメーバ経営を導入することも同社を再建することもできなかった。

本章では、アメーバ経営の導入事例のひとつとして「日本航空の再建」を紹介しながら、全員参加経営の重要性を説明していきたい。

3つの大義――なぜ就任要請を受けたか

２００９年末、私は日本政府から当時深刻な経営不振に陥っていた日本航空の会長に就任してほしいという要請を受けた。

１９５１年、ナショナル・フラッグ・キャリアとして発足以来、日本の国際化の最前線に立ってきた日本航空は、高度経済成長と軌を一にして成長を続け、１９８０年代には世界でもトップクラスのエアラインとして名を馳せるようになった。しかし、採算を無視した無理な拡大路線を取り続けたために、バブル経済が崩壊した90年代ごろより業績低迷を続け、ついにはリーマン・ショック後の不況に耐えられなくなった。

2010年1月、日本航空は、金融機関以外では戦後最大となる2兆3000億円あまりの負債を抱えて倒産し、再建を目指すことになった。会社更生法の適用を申請し、企業再生を目的として設立された官民ファンドの企業再生支援機構（現・地域経済活性化支援機構）が主導して再建を進めることになり、その舵取りを担う者として私に就任の要請があったのである。

しかし、当時の私はすでに80歳を前にした高齢であるうえに航空運輸業にはまったくの素人だったので固辞していた。

ところが、「どうしても会長に就任してほしい」という要請を再三にわたり受け、最終的には次に述べる3つの大義からその要請を受けることにした。

1つは、日本経済への影響である。伸び悩む日本経済の象徴でもある日本航空が二次破綻すれば、経済に多大な影響を及ぼすだけでなく、日本国民までもが自信を失いかねない。だが、再建を成功させることができれば、「あの日本航空でさえ再建できたのだから、日本経済が再生できないはずはない」と日本国民が勇気を奮い起こしてくれるのではないかと考えた。

2つ目は、日本航空に残された社員たちの雇用を守ることである。再建にあたり多くの社員に日本航空を去ってもらうことになるが、二次破綻しようものなら残る3万2000名も職を失ってしまう。それだけは避けるべきだ、残った社員の雇用は何としても守らなければならないと考えた。

3つ目は、国民、すなわち飛行機を利用する人たちの便宜をはかることである。日本航空が二次破綻すれば、国内の大手航空会社は1社だけになってしまう。そうなれば、競争原理が働かなくなり運賃は高止まりし、サービスも悪化してしまうだろう。健全で公正な競争条件のもと複数の航空会社が切磋琢磨していくことで、利用者である国民により安価でよりよいサービスが提供できるはずだ。そのためにも日本航空の存在が必要だと考えた。

ただ、高齢であり他の仕事もあるので100%の時間を日本航空の再建に割くことはできないと考え、無給にしてほしいとお願いした。

5つの要因——なぜ高収益企業に生まれ変われたか

2010年2月、会長に就任したときにはすでに企業再生支援機構が策定した会社更生法にもとづく事業再生計画ができあがっていた。私はそれを確実に遂行すれば再建できると考え、そのことを記者会見などでも話していたが、当時のマスコミの多くは、「日本航空は再建できない。二次破綻は必至だ」と否定的な見方をしていた。

事実、集計可能な1962年以降において国内で会社更生法を適用した上場企業は138社あったが、そのうちの59社、つまり半数近くは事実上消滅していた。再上場できた企業、つまり再建に成功したといえる企業は9社のみで、しかも再建には最短でも7年近くかかっていた。

加えて、航空会社の経営は困難を極める。2000年以降、アメリカではユナイテッド航空、USエアウェイズ、デルタ航空、ノースウエスト航空、アメリカン航空といった大手航空会社の倒産が続いた。ヨーロッパでもベルギーのサベナ航空やスイス航空、イタリアのアリタリア航空などのナショナル・フラッグ・キャリアが破綻している。日本航空もそれまで何度も再建に向けた経営計画を発表してきたが、ただの一度も達成したことがなかった。

そう考えると、マスコミが日本航空の再建は不可能だと断じたのも無理はなかったのかもしれない。

しかし、実際には、再建初年度の2011年3月期には1884億円、12年3月期には2049億円、13年3月期には1952億円の営業利益を生み出し、結果として世界の航空業界のなかでも有数の高収益企業に生まれ変わることができた。

当初受けていた約3600億円のつなぎ融資は、通常よりも高い金利を支払って全額を返済。さらには2012年に再上場を果たし、企業再生支援機構からの出資金3500億円に約3000億円をプラスしてお返しすることができた。日本の国家財政が厳しいなか、少しは貢献できたものと考えている。

なぜ、誰もが二次破綻を予想した日本航空が短期間に高収益企業に生まれ変わり、再上場できたのか。多くの研究者や評論家がその要因を分析しているが、当事者である私は次の5つの点が大きかったと考えている。

1 新たな経営理念の確立
2 フィロソフィをベースとした意識改革
3 アメーバ経営の導入
4 「人のため、世のため」という思いの共有
5 トップの無私の姿勢

①新たな経営理念の確立

まず、企業としての目的を明確にしたことである。

「全社員の物心両面の幸福を追求すること」を日本航空の企業としての目的（経営理念）に定め、それを社員に徹底して伝えていった。これは私の経営哲学の根幹をなす考え方であり、私が創業した京セラやＫＤＤＩも同じ考え方をベースに経営をしている。

この経営理念に対して「社員の幸福を企業の第一の目的とするのは、公的支援を受けた企業にはふさわしくない」という批判を受けたが、企業はそこに集う全社員の幸福のために存在するというのは私の揺るぎない信念である。その考えをあらためる気持ちは一切なかった。

経営者が社員の幸福を考えずに利益だけを追求しても、社員が心から協力してくれるはずはない。しかし、経営者が社員のことを何より大切に思い、全社員がやりがいと誇りを持って生き生きと働けるようにすれば、結果として実績もあがり、株主にもより多く報いることができるはずである。

こうした「経営の目的」を説くことで、社員たちは日本航空を自分たちの会社だと考えるようになり、再建に向けた強い意志を全員で共有することができた。幹部社員から一般社員まで、自分たちの会社のために自己犠牲も厭わない姿勢で再建に臨んでくれた。このことが会社再建の最大の原動力となった。

②フィロソフィをベースとした意識改革

もうひとつは私の経営哲学、つまり「フィロソフィ」をベースとして社内の意識改革を進めたことである。

日本航空の会長に着任してすぐ、「リーダー層の官僚的で硬直的な体質を変えなければならない」と強く感じた。また、会社としての一体感がないことにも気づいた。これらを早急に改善しなければならないと思い、第1章でも紹介した「フィロソフィ」を持って、まずは日本航空幹部の意識改革に取り組むことにした。

フィロソフィは表現こそ平易なものだが、物事の本質を射抜き、常に正しい判断に導くものであり、経営のあり方のみならず日常の仕事の進め方や人生万般に通じる「原理原則」と呼べるものである。

私は京セラやＫＤＤＩの経営においてこのフィロソフィを、まずは経営者である私自身が実践に努めるとともに、全社員で共有することに努めてきた。日本航空の再建でもこのフィロソフィを携え、「なぜ、こういう考え方が企業経営において、また、ひとりの人間として生きるにあたり必要なのか」を丹念に説明していった。

具体的には経営幹部約50名を集めて1カ月にわたり、徹底的にリーダー教育を実施した。

フィロソフィを通じてリーダーとしてのあり方から経営の考え方までを徹底して理解してもらうことを目指した。同時にそれは、部下から尊敬されるすばらしい人間性を持たなければならず、そのためには日々、心を高め続けなければならないことなど、人間としての生き方を問うものでもあった。

しかし、日本航空の経営幹部たちは一流大学を出たインテリたちである。当初は、私が説くフィロソフィに対して違和感を覚えていたようだった。「なぜ、そんな当たり前のことをいまさら学ばなければならないのか」と反発する者さえいた。

私はそんな幹部に対して次のように言った。

「こんな幼稚なことを、と軽蔑するようなまさにそのことを、皆さんは知っているかもしれないが決して身につけていませんし、ましてや実行にも移していません。皆さんは知識をたくさん持っていたかもしれませんが、人間として正しいことを追求するという最も基本的な考え方さえ身につけていなかった。そのことが、日本航空を破綻に陥れたのです」

こうした話を続けていくなかで、当初は私のフィロソフィに違和感を覚えていた日本航空の幹部たちも次第に理解を深めていった。多くの幹部が「人間として、リーダーとして、そして経営者としていかにあるべきかという考え方をもっと早く知っていれば、日本航空は倒産することにはならなかったし、自分自身の人生も変わっていたに違いない。このすばらしい考え方を部下にも伝えていきたい」と考えるようになっていった。

そんな幹部の感想を伝え聞いた各職場のリーダーたちからも要望があり、約３０００人が受講することになった。

同時に、航空会社では現場のひとりひとりがどのような意識で働くかが最も大切だと考え、一般社員向けの教育も実施した。飛行機をはじめ、運航や整備に必要な機器を多数所有している航空運輸業は「巨大な装置産業」だと思われがちだが、日本航空に着任したときから私は、お客様に喜んで搭乗していただくことが何より大切な「究極のサービス産業」だと感じていた。

つまり、空港のカウンターで受付業務をしている社員がお客様にどのような対応をするか、飛行機に搭乗したお客様のお世話をする客室乗務員（ＣＡ）がどのような接遇をするか、機長や副操縦士がどのような機内アナウンスをするか、さらには、直接お客様との接点はないが飛行機のメンテナンスに従事する整備の人たちや、手荷物などを扱うグランド・ハンドリングの人たちがどのような心の込もった仕事をするのか――。現場の社員たちがどのような考え方をして、どうお客様と接するかが、航空運輸業にとって最も大切なことであり、そのことを通じてお客様に「もう一度、日本航空に乗ってみたい」と思うようになっていただかなければお客様が増えるはずはなく、業績は向上していかないと考えた。

そこで、お客様と接する社員ひとりひとりがどのような考え方を持ち、どのように仕事をしなければならないかということを私は現場で直接、社員に語りかけるようにした。私自身、空港まで出向き、直接お客様に接するカウンターの女性やCA、パイロット、整備の人たちに集まってもらい、「いまは厳しいリストラに努めなければならない。つらいだろうけれども何としてもお客様への心を込めたサービスに努めてほしい。道は必ず開ける」と訴えていった。

さらには、全社がひとつにまとまり、ベクトルを合わせて再建にあたるためには、どんな職場にいてどんな立場にあろうとも共通の価値観と判断基準を持って仕事にあたることが必要だと考え、「JALフィロソフィ」をつくることに取り組んだ。幹部が集まり、私のフィロソフィを参考にして徹底した議論をおこなってくれたようだ。

制定された「JALフィロソフィ」は現在、手帳にして全社員に配られており、そこには社員が持つべき共通の価値観——たとえば「美しい心をもつ」「感謝の気持ちをもつ」といった人間として持つべきプリミティブな考え方が40項目にまとめられている。

こうした活動を通じて、社員ひとりひとりの意識は徐々に変わっていった。日本航空にもともとあった官僚的な体質は少しずつなくなり、またマニュアル主義といわれていたサービスも改善されていった。現場の社員がお客様に少しでも喜んでいただくために自発的に努力を重ねてくれるようになり、各職場で全社員が自ら創意工夫を重ね、仕事の改善に努めてくれた結果、業績が目に見えて向上していったのである。

日本航空では、私が経営の第一線から退いた後も「ＪＡＬフィロソフィ」を学ぶ勉強会が自主的に頻繁に開催されているようだ。社員ひとりひとりが自分の心を高め、経営に貢献しようとする集団に生まれ変わったことが、日本航空再建の大きな推進力となった。

③アメーバ経営の導入

こうして素地となる考え方が共有された後で私は、アメーバ経営を導入した。

日本航空に着任してすぐ「現在の経営実績はどうなっているのですか」と質問したが、なかなか数字が出てこない。やっと出てきたのは数カ月前の実績データで、しかもきわめてマクロなものだった。また、いったい誰がどの収支に責任を持っているのか、責任体制も明確でない。

航空業界の利益はフライトから生まれるのだからと、路線ごと路便ごとの採算はどうなっているのかと聞いても一向にわからない。それまでの日本航空には、そのような採算を把握するための仕組みも考え方もなく、実際にどの路線が、あるいはどの便がどのくらい収益をあげているのか、わかっていなかった。そのため、赤字を垂れ流し続けた路線が数多くあった。

私は、路線・路便ごとにリアルタイムに採算がわかる仕組みをつくらなければ、会社全体の採算を向上させることはできないと考えた。

そこで、アメーバ経営によって、部門別・路線別・路便別の採算がリアルタイムに見えるようにした（くわしくは第4章を参照）。アメーバ経営があれば、それぞれのアメーバの責任者が中心となり、部門の収益性を高めるために創意工夫を重ねていくこともできる。そうした管理会計システムを京セラコミュニケーションシステム（ＫＣＣＳ）のコンサルティングのメンバーや日本航空の社員たちと一緒につくっていった。

その結果、詳細な部門別の実績が翌月には出るようになり、全社員が自部門の実績を見て、少しでも採算をよくしようと懸命に取り組んでくれるようになった。すべてのフライトの路線・路便ごとの採算が翌日にはわかるようになり、需要に応じて臨機応変に機材を替えたり、臨時便を飛ばしたりすることが現場の判断でできるようになっていった。

本来は収益部門ではない整備や空港カウンターなどの部門でも、組織をできるだけ小集団に分けて、それぞれが経費を細かく管理できるようにした。月々の経費の明細を全員で共有し、「少しでも無駄はないか」「もう少し効率的な方法はないか」などと全員で衆知を集めて経営改善に取り組める体制としたのである。

そして、各本部や子会社のリーダーの方々に集まってもらい、自部門の実績について発表する月例会議「業績報告会」を始めた。

毎月2日あるいは3日にわたって朝から夕方まで開かれる業績報告会では、部門別・科目別に前月の実績と当月の予定がびっしりと記された採算表をもとに、私が疑問に思う数字を見つけては、たとえそれが交通費や光熱費などの細かい経費項目であっても「なぜこのような数字になるのか」と徹底して追及していった。

そうした会議を続けるうちに数字で経営することが当たり前になり、やがてそれぞれの部門長がいかに経営の改善に努めてきたか、これからどう採算をよくしていくかなど、経営者としての思いを数字に込めて発表できるようになっていった。

日本航空は再建2年目の2011年4月からアメーバ経営の本格運用を開始し、いまでは採算意識を高めた社員たちがこの仕組みを活用することでさらなる収益性向上に日々努めている。

④「人のため、世のため」という思いの共有

再建を成功に導いた第4の要因は先に述べたとおり、私が会長職を引き受けるにあたって3つの大義を掲げたことである。第1に日本経済、第2に日本航空の社員の雇用、第3に日本国民の利便性のためである。それは、「人のため、世のために役立つことをなすことが、人間として最高の行為である」という私の人生観にもとづいている。

私は、この3つの大義を日本航空の社員にも理解してもらうように努めた。そして社員たちもこの大義を自分のこととしてとらえ、日本航空の再建は自分たちのためだけではなく、人のため世のためでもあるのだと理解し、自信を持って仕事に励んでくれたように思う。

また、日本航空の再建に大義があることが社員たちの背中を押し、何としてもという不退転の決意で仕事にあたってくれた。それを果たそうとする純粋で強い思いを全員が共有したことで、会社全体がひとつになり、懸命に再建に取り組むことができた。

このことも、再建に向けての大きな力となっていった。

⑤トップの無私の姿勢

第5の要因として、再建にあたった私の姿勢が社員の心を揺り動かしたこともあったと考えている。つまり、私が無給で会長職を引き受け、高齢でありながら全身全霊を傾けて再建に取り組む姿が有形無形の影響を社員に与えていった。

先に述べたように、フルタイムで会長職に専念できるわけではなかったので無給で再建に取り組んだが、どうしても再建を成功させなければならないと考え、懸命に仕事にあたるうちに、週3日勤務と考えていたものが4日になり、5日になり、週の大半の時間を日本航空のために費やしていた。

自宅が遠く離れた京都にあるため、私は80歳を前にして、週のほとんどを東京のホテル住まいで過ごし、夜の食事がおにぎり2個だけという日もしばしばあった。

意図したわけではないが、そうした無私の姿勢で懸命に再建に取り組む私の姿を見て、多くの社員たちが「自分の父親や祖父にあたるような年齢の稲盛さんが何の対価も求めずに、何の関係もない日本航空の再建のために必死になってくれている。ならば、自分たちはそれ以上に全力を尽くさなければならない」と考えてくれたようである。

このことも、日本航空の社員ひとりひとりが再建に全力を挙げて取り組むにあたり、大きなモチベーションとなったと感じている。

再建を導いた全員参加経営

他にも多くの要因があると思うが、以上の5つを通じて日本航空の社員の意識が大きく変わり、結果としてひとりひとりの社員がそれぞれの持ち場・立場で自分の会社を少しでもよくしようと懸命の努力を重ねてくれるようになったことが、日本航空が再建を果たした最大の理由だと思っている。

一般的に企業の盛衰を決めるのは、目に見える財務力や技術力、また経営者による企業戦略であるといわれている。それも大事なことだが、それ以上に大切なものは、目に見えない社員の意識であり、その集合体である組織風土や企業文化である。

つまり、ひとりひとりの社員が自分の働いている会社を誇りに思い、会社の発展を心から願い、必死に努力しようとしてくれるのか。それとも、職場には不平不満が渦巻き、社員は自分の会社を評論家のように批判ばかりしているのか。それによって会社の業績はまったく違ってくる。

先に述べたように日本では、倒産した会社が更生法を適用されても、再建に成功する確率がたいへん低いのが現実である。それは、会社更生法によって大幅な債権カットや経費削減がなされるなど目に見える財務的な改善は進むが、その副作用として目に見えない人心がすさんでしまうからである。社員の意識が再建に心から協力し、持てる力を最大限に発揮しようという前向きなものとならず、再建に失敗してしまうのだ。

日本航空も最初は同じだった。会社が倒産し、数多くの職場の仲間が去っていった。賞与もなくなり、給与も大幅に下がり、年金もカットされた。航空会社の生命線でもある路線も大幅に縮小され、多くの機材を売却することになった。社員は意気消沈して誇りを失い、職場の雰囲気は暗くなっていった。

しかし、私が会長に就任し、結果として打ちひしがれていた社員たちの心に火をつけることができた。社員たちの心に「自分たちの会社なのだから、自分たちで何としても再建しなければならない」という使命感が生まれ、「自分たちは運命共同体である」という一体感も醸成されていった。

ひとりひとりの社員の意識と心が変わり、その集合体としての組織風土が変わったことで業績が劇的に向上していった。まさに、フィロソフィとアメーバ経営の導入が日本航空に「全員参加経営」をもたらし、会社再建へと導いていったのである。

第3章

まずは機能ありき――組織づくりの要諦

1 アメーバ経営の3つの目的

第3章からは、アメーバ経営の導入コンサルティングを手がける京セラコミュニケーションシステム（KCCS）が、アメーバ経営を実践するための具体的な進め方について解説する。

まずは本章以降の説明に先立ち、その理解に欠かせない「経営の原理原則」と「アメーバ経営の目的」を説明したい。

アメーバ経営は、まえがきで述べているように「売上最大、経費最小」という経営の原理原則に則って運営される。「売上最大、経費最小」は一見すると当たり前のことに思えるが、この原則こそ経営の本質である。

一般的な企業では「われわれの業種の利益率はこの程度である」といった業界常識や「売上を増やそうとすれば当然、経費も増える」といった固定観念のもとで経営している。しかし、実際には、創意工夫によって売上をどこまでも増やしていくことが、また経費を減らしていくことができる。その結果として利益が増える。これが限界だといってあきらめるのではなく、すべての社員がそれぞれの現場で「売上最大、経費最小」の努力を積み重ねていけば、企業は長期にわたって高収益を実現することができるのである。
こうした原理原則に則って運営されるアメーバ経営が目指す目的は次の3つである。

・全員参加経営の実現
・経営者意識を持つ人材の育成
・市場に直結した部門別採算制度の確立

全員参加経営の実現

一般的な企業では売上に関心を持つのは営業部門の社員だけであり、それ以外の大多数の社員が日々の仕事のなかで売上を気にすることはあまりない。また、自部門で科目別にどのくらいの経費を使っているのかわからないため、無駄をなくそうという動機も生まれない。

これに対してアメーバ経営では、会社の組織を「アメーバ」と呼ぶ独立採算の小集団に分けて経営をガラス張りにする。そのなかで現場の社員は、月次の売上と経費の細かな計画を立ててその達成を目指す。日々の朝礼などで実績が伝えられ、もし売上が計画を下回っていれば全員で売上を増やそうとする。また、経費が計画を上回りそうな場合は何か減らせるものはないかと皆で知恵を絞る。このようにひとりひとりの社員が自ら立てた計画を達成するために主体的に努力していく。

全社員が「売上最大、経費最小」を目指す全員参加経営の実現が、アメーバ経営の第一の目的である。

経営者意識を持つ人材の育成

細分化した各アメーバには責任者であるリーダーを置く。リーダーは上司の承認を得ながら、経営計画から実績管理、労務管理、資材発注まで、そのアメーバの経営全般に取り組む。

小さな組織であっても経営をおこなうとなれば会計の知識が必要となる。アメーバ経営では最低限の会計知識があればリーダーを務めることができるよう、家計簿のようにシンプルな「時間当り採算表」という収支計算表で各アメーバの経営成績を表す。

「時間当り採算表」では、収入（売上）と経費、その差額である付加価値が示される。さらには付加価値を総労働時間で割り、1時間当たりの付加価値（これを「時間当り採算」と呼ぶ）が計算される。時間当り採算表の詳細については第4章でくわしく説明する。

各アメーバの実績は、時間当り採算という公平な基準のもとで評価する。そのため、各リーダーは自部門の時間当り採算を少しでも向上させようと主体的に努力する。そうした取り組みのなかで経営者意識を持った人材が育成される。

市場に直結した部門別採算制度の確立

アメーバ間でおこなわれる「社内売買」は、市場価格をもとに値決めがなされる。それによって刻々と変化する市場価格が各アメーバに伝わっていく。

たとえば、ある製品の市場価格が下がり、売値が10％下がったとしよう。その場合は、その製品を製造する部門間の交渉で「社内売買価格」も引き下げられる。それを通じて社員たちは市場の変化を肌で感じることになる。各アメーバはこうした市場の変化に常に対応しながら、少しでも採算を高めようと「売上最大、経費最小」に取り組むのである。

アメーバ経営は、独立採算組織である各アメーバが市場の変化に迅速に対応することで会社全体の成長発展を目指すことを目的とする。そのため、必要に応じて組織を分割したり統合したり新設したりすることができる柔軟な仕組みとなっている。

以下で説明するアメーバの組織づくりでは、ここで述べた経営の原理原則（売上最大、経費最小）とアメーバ経営の３つの目的を常に念頭に置いておく必要がある。

2 機能と役割を明確にする

4つの機能と役割

アメーバの組織づくりの要諦は「まずは機能ありき」である。アメーバ経営では、会社を運営していくための「機能」を明確にして、それぞれの機能が最大限に発揮されるよう組織を編制していく。

これは、京セラの組織編制の歴史に由来する。創業間もない京セラでは会社機能は「研究開発」「製造」「営業」の3つに集約できると考えられていた。新しい製品を開発して、その製品を量産（製造）する。そして、つくった製品を顧客に売り、代金を受け取り、そのなかから費用を支払った残りが利益だと考えた。そのため、これら3つの機能が不可欠だと考えたのである。

その後、京セラが急速に成長を遂げ、組織が大きくなると、この3つの機能に加えて「管理」機能も必要になってきた。

こうしたシンプルな機能で会社経営のあり方を理解することがアメーバ経営における組

織づくりの原点である。つまり、会社組織を「営業」「製造」「研究開発」「管理」の4つの機能に分け、無駄のない組織を構築していくのである。

さらにアメーバ経営では4つの機能を最大限に発揮し、全社員が使命感を持って仕事に打ち込めるよう、機能ごとに果たすべき役割を定めている。

営業………「売上最大」を目指して受注・納品・代金回収までの一連の活動をおこない、製造部門に生産案件をもたらし、事業を拡大する

製造………顧客が要求する品質と納期で製品やサービスを提供し、付加価値の最大化を目指す

研究開発…社会のニーズに合った新製品や新技術を開発し、新しい製品・サービス価値を製造部門に提供する。また、新しい価値を創出して新市場をつくり出す

管理………経営理念や会社方針の浸透と管理ルールの設定・運用を通じて採算部門をサポートし、健全な企業経営を実現する

なお、これら4つの機能はいずれも製造業の場合の表現である。サービス業であれば「製造」を「サービス」に、「研究開発」を「企画」に置き換えることができる。

本来の役割を果たせているか

それぞれの機能や役割を定めることは、一見すると当たり前のように思えるかもしれない。しかし、現実の企業経営では、役割が明確になっていないために営業部門が製造部門の役割の一部を担ったり、不可欠な機能が欠落したりしていることもある。

機能と役割が明確にできていない事例を紹介しよう。

事例1 印刷業を営むA社は自社工場（製造部門）で印刷業務をおこなっている。このうち、手帳やカレンダーなどの製作に必要となる製本業務は、設備を持たないため外部業者に委託しており、その外注管理を営業部門の社員が担当している。

手帳やカレンダーの製作で忙しくなる時期、A社の受注活動は低調になる。営業担当者は、判で押したように「外注管理に時間を取られて営業活動できない」と報告する。また、手帳やカレンダーの製本品質へのクレームもしばしば発生しているが、製造部門は「営業の外注手配の問題であって工場の問題ではない」と冷ややかな反応だ。

A社の場合、営業担当者は、手帳やカレンダーの注文を取れば取るほど外注手配の仕事が増え、本来の受注活動に時間を割けなくなっている。また、製造部門は外注手配にかかわっていないため、製品の品質に対する最終的な責任を負うことができない。

こうした事例は中堅中小企業ではしばしば見受けられるが、先に述べた機能別の役割に照らし合わせれば、外注手配はモノづくりの工程であり、製造部門が担うべき業務である。

このように製造の役割の一部を営業部門が担うと、営業部門は本来の営業活動に専念できなくなり、その結果、受注が低迷する。製造部門もモノづくりを総合的に管理していないため、品質管理などが不十分になり、本来の機能を発揮できなくなる。

もうひとつ事例を見てみよう。

事例2

部品加工業を営むB社では、加工を終えた製品の荷造りや梱包作業をどの部門がおこなうかがはっきり定まっていない。製造部門の社員がおこなうこともあるが、ほとんどの場合、営業担当者がおこなっている。さらに、同社が得意とする大型部品の梱包作業には手間や時間を要する。

ある日の営業会議で客先訪問件数が伸びていないことが問題となった。営業部長の追及に対して部下の多くは「梱包作業に時間を取られて訪問できないからです」と答えた。

この事例のように営業部門と製造部門の役割が明確に決まっていないと、本来は製造部門がおこなうべき業務を営業部門のメンバーが引き受けることになる。その結果、どちらの部門とも本来の役割を十分に果たせていない状況が生まれる。

これに対してアメーバ経営では、梱包までおこなうこと、すなわち客先に出荷できる状態にすることを製造の役割としている。

これら2つの事例では、まず、営業部門と製造部門の役割を明確にすべきである。もし、それに対応する役割を果たすための人的な余裕がなく専任者をつけられないのであれば、少なくとも営業担当者が製造部門の「応援」をおこなったというかたちにすべきである。

こうした位置づけのもとアメーバ経営では、応援に要した時間を営業部門から製造部門に振り替えるようにしている。時間の振り替えについては第4章で説明する。

欠けている機能はないか

さらには、会社活動に不可欠な機能を備えていない例もある。

事例3 下請け製造を営むC社は、売上の大半を大手メーカーのD社に依存している。

リピート取引が多く、月末になるとD社から翌月の発注情報が送られてくる。継続的で安定した取引関係が築かれているため、C社には営業部門がなかった。納期や数量の確認は生産管理部門の社員がおこない、価格などの条件については社長が直接D社の購買部門と交渉していた。

ある時期、D社の経営状況が悪化し、C社への発注が大幅に削減された。売上が急減したC社では新規開拓が急務となったが、同社には営業を担当する組織がない。社長自ら営業活動をおこない、苦労の末にようやく1社を新規開拓した。

大手メーカーとの安定的な取引関係がある下請会社では営業組織を設けなくても受注が見込めることから、営業担当者を置かず、生産管理部門が受注窓口となることが多い。

この事例を前述した経営に必要な4つの機能と照らし合わせれば、営業機能を担う部門が欠落しているために新規開拓などの本来の営業活動が継続的におこなえていないことがわかる。

以上のように、アメーバ経営の組織づくりでは4つの機能を明確にし、それぞれの役割を定めることが重要である。そうした組織編制のもとであれば、すべての社員は自らが担うべき業務を自覚し、使命感を持って仕事に取り組むことができるようになる。

採算部門か非採算部門か

経営に必要な4つの機能にもとづいて各部門の役割を定めたら、次はその部門を「採算部門」とするか「非採算部門」とするかを判断する。採算部門とは、事業における収入があり、利益責任を負う部門のことである。非採算部門とは、採算部門が健全かつ円滑に業務を遂行できるよう支援する部門である。

先に挙げた4つの機能ごとに、採算部門とするか非採算部門とするかを見ていく。

製造部門、営業部門は「採算部門」とする

一般的に製造業で用いられている標準原価計算では、製造部門は原価を管理するコストセンターとして位置づけられており、利益に責任を負わない。また、営業部門は売上と粗利を管理するが、原価はコントロールできない。利益に責任を持てるのは、営業部門と製造部門の双方を統括する一部の経営幹部のみである。

これに対してアメーバ経営では、「利益を生み出すのは製造部門である」という考え方をとる。それを具現化するために製造部門を、収入と経費を管理する独立採算部門とする。営業部門も、収入とそれに対応した経費を管理する独立採算部門とする。多数の社員が所

属する両部門を独立採算組織とし、より多くの社員が採算を意識できるようにする。

管理部門は「非採算部門」とする

一般的に管理部門の役割は、会社の発展を目指してすべての部門や社員を支援し、そのために必要なルールや制度を全社に浸透させることである。アメーバ経営でもこうした役割は基本的に変わらない。

もしアメーバ経営を導入し、できるだけ多くの採算部門をつくろうとして管理部門も採算部門としたらどうなるだろうか。管理部門が提供するサービスは社内売買をおこなうために有償化されるが、それを受けようとしない部門が出てくる恐れもある。これでは、全社員に平等かつ均質なサービスを提供することができない。こうした観点から管理部門は非採算部門とする。

ただし、管理部門には、提供するサービスの質を維持しつつも、経費最小を追求することが求められる。管理部門も他の採算部門と同様、細かな経費項目を設けて厳しく月次で管理していくことで、低コストで質の高いサービスの提供が可能となる。

非採算部門であっても「経費最小」を徹底することで管理部門の社員は採算意識や経営者感覚を高めていくのである。

研究開発部門は状況に応じて「採算部門」にする

研究開発部門には、製品の設計や開発をおこなう開発部門と将来に向けての基礎技術などを研究する研究部門がある。いずれも一般的には採算部門と見なされない場合が多い。開発部門は、開発した製品の売上高や生産高から一定の収入を得るようにルールを設定すれば、採算部門とすることができる。採算部門にすれば、市場のニーズをいち早く汲み取り、成果に結びつけようとする意識や行動を引き出すことが期待できる。

一方、研究部門の活動は短期的には収益に直結しづらい。また、多くの場合、個別の製品と研究成果を紐づけてとらえるのは難しい。特に、基礎技術の研究など長期的な取り組みの場合は、短期的な成果を求めることがかえって円滑な研究開発活動を妨げることもある。

このため、研究部門は非採算部門とし、全社共通費としてそのコストを賄うようにする。ただし、非採算部門にしたとしてもコスト意識や経営者意識を持つことは重要である。月次の会議などで部門別費用を議論し、無駄な経費を使わずに研究成果を早期に実現させるよう使命感や責任感を喚起していくことが重要である。

［3］細分化の3条件

ただ細かくすればよいわけではない

アメーバ経営の組織づくりの特徴は、たとえば5～10人といった小さなアメーバに組織を細分化することである。各アメーバが会社全体を構成するひとつの役割を担いながら、それぞれが自主独立採算で経営をおこなうことで「全員参加経営」を実現する。

では、なぜ小さな組織単位なのか。小さな組織であるほど、ひとりひとりの貢献度がわかりやすくなるからである。たとえば、100人の組織で1人の社員が経費を1割削減したとしても、組織全体で見ればさほどの影響も及ぼさず、反対に手を抜いていても目立たず見逃されやすい。

これが5人の組織ならば、1人の社員が経費を1割削減したときに、それが組織に与えるインパクトは大きい。成果が目に見えれば、ますますやる気も出てくるだろう。

ただし、どんなかたちでも細分化すればよいというものではない。組織を分割していくには条件がある。細分化された組織がそれぞれの機能を最大限発揮するための「組織分割の条件」として、アメーバ経営では次の3つを指針としている。

条件1　独立採算組織として成り立つ単位である
条件2　ビジネスとして完結する単位である
条件3　会社全体の目的や方針を遂行できる単位である

以下にE社の事例を用いて説明したい。E社は、家電メーカーが要求する仕様にもとづいて製品の製造をおこなっている下請け会社である。図表3―1に示すように、同社の組織には「部」「課」「係」「班」がある。

①独立採算組織として成り立つ単位か

採算を把握するには、「収入」と「経費」の双方を認識できなければならない。特に収入を認識するためには、「どのような行為でその部門に収入を発生させることができるか」という明確なルールが設定されている必要がある。

E社の事例を見てみよう。同社の部品製造課は、部品加工・メッキ・プレスという工程

図表3−1　E社の組織図

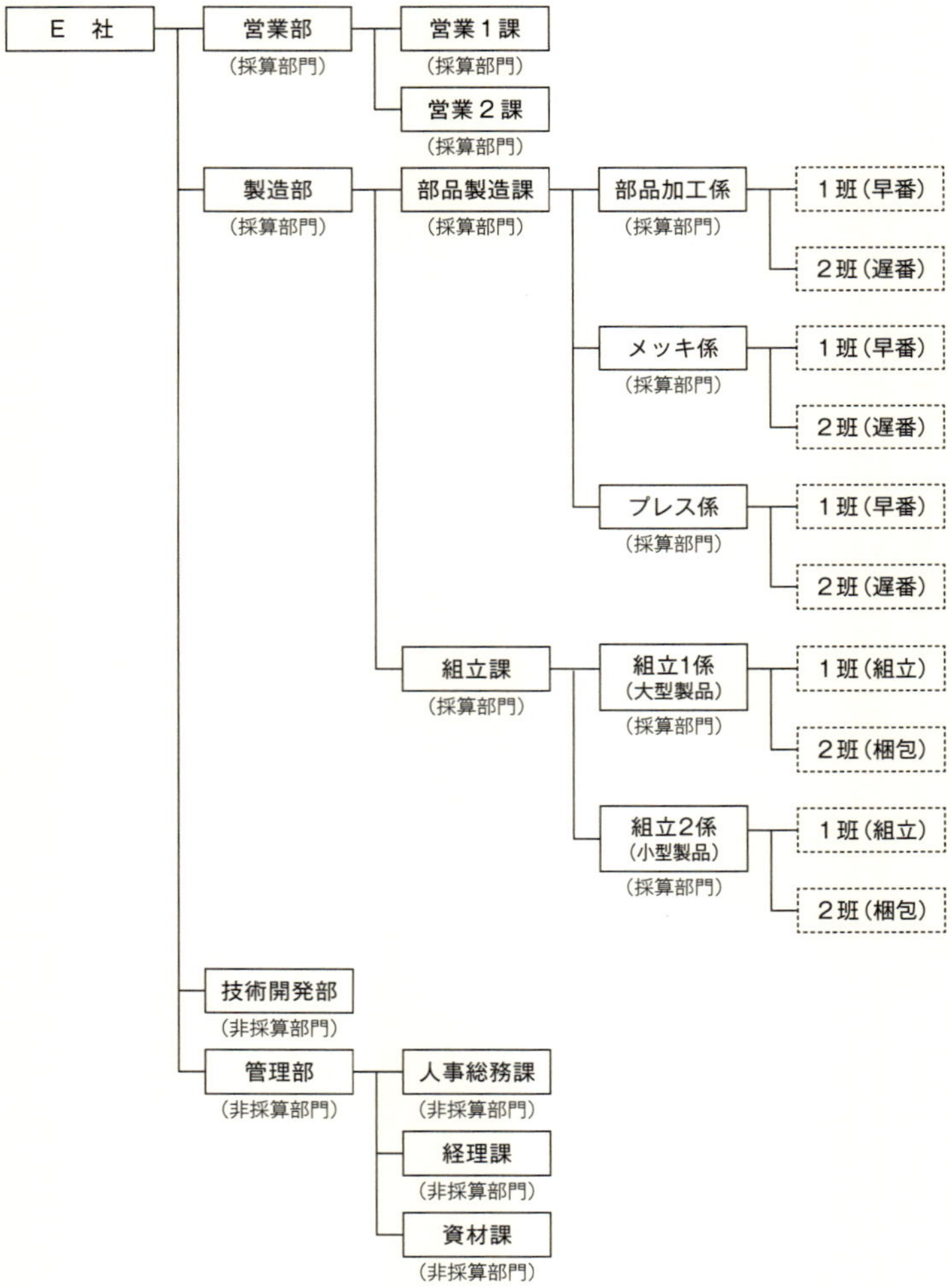
E　社
営業部
(採算部門)
営業１課
(採算部門)
営業２課
(採算部門)
製造部
(採算部門)
部品製造課
(採算部門)
部品加工係
(採算部門)
１班(早番)
２班(遅番)
メッキ係
(採算部門)
１班(早番)
２班(遅番)
プレス係
(採算部門)
１班(早番)
２班(遅番)
組立課
(採算部門)
組立1係
(大型製品)
(採算部門)
１班(組立)
２班(梱包)
組立2係
(小型製品)
(採算部門)
１班(組立)
２班(梱包)
技術開発部
(非採算部門)
管理部
(非採算部門)
人事総務課
(非採算部門)
経理課
(非採算部門)
資材課
(非採算部門)

別の係で編制されている。それぞれの係の収入は「単価×数量」というルールで明確にとらえることができる。また、係ごとに用いる原材料や設備は異なり、経費も明確に分けてとらえることができる。このため、同課を工程別の係に細分化することができる。

では、さらに細分化できるか。それぞれの係は2つの班（早番と遅番）に分かれ、交代しながら連続的に生産している。このとき、さらに班単位で細分化することができると考えるかもしれない。

しかし、早番の班で仕掛中の作業が、遅番の班に引き継がれることが多い。このため、班単位で収入を区別することはできない。また、材料や消耗品はまとめて購入し、同じ設備で生産しているため、経費も班単位で区別することができない。

したがって、班単位では細分化しない。係を最小の独立採算組織とし、2つの班が連携して協力し合いながら採算を高める活動をおこなうようにすべきである。

②ビジネスとして完結する単位か

せっかく組織を細分化しても、創意工夫の余地がほとんどない組織をつくってしまっては意味がない。細分化したその組織のリーダーが「経営者」として、使命感を持って業務にあたれるようにする必要がある。

E社の組立課は、部品製造課が生産した部品や外部から購入した部品を使って製品を組み立て、完成させて出荷する。課内にある係は、大型製品を扱う組立1係と小型製品を扱う組立2係に分かれており、それぞれが受注案件を見ながら効率のよい生産計画を立てるなど、自分の工夫で採算をあげることができる。

では、さらに細分化できるか。各係は組み立てをおこなう1班と包装や梱包をおこなう2班で編制され、それぞれの班長が現場を管理している。1班が組み立てた製品を2班が買い取って梱包し出荷するかたちにすれば、2つの班を独立採算組織として細分化できそうである。

しかし、梱包をおこなう2班では、作業効率を高めるなどの改善は可能だが、生産数量は1班に従属せざるを得ない。仮に2班を独立採算組織としても創意工夫の余地は少なく、やりがいは感じられないだろう。

したがって、「2班が担う梱包作業は、組立工程における最終工程である」と考えるのが妥当である。採算単位は係までにとどめ、創意工夫を重ねながら組織を運営できる単位とすべきである。

③会社全体の目的や方針を遂行できる単位か

企業には経営上の重要な方針や目的がある。細分化にあたってはそれに矛盾しないかたちを考える必要がある。

E社の営業部には2つの課があり、主に次のような活動をおこなっている。

・お客様の引き合いにもとづいて見積りを提示し、受注を獲得する
・完成品を納品して、売上をあげる
・売掛金の回収をおこなう

仮に、こうした活動ごとに担当者を決めて、それぞれを独立採算組織として細分化したらどうなるだろうか。

受注担当は受注を獲得すれば自分たちの実績となるので、顧客の要求どおりに納品されているかどうかを考えなくなるだろう。あるいは売掛金の回収を気にせず、多少信用に問題がある取引先でも受注優先で取引を進めてしまうかもしれない。一方、売掛金回収担当は、回収の成績をあげることには努力をするが、売上最大を目指した新規の受注には関心

を示さなくなるだろう。

もちろん、各担当の収入をとらえるルールを定めて、それぞれ独立採算組織にすることも可能である。しかし、こうした状況で本来の営業の役割（「売上最大」を目指して受注・納品・代金回収までの一連の活動をおこない、製造部門に生産案件をもたらし、事業を拡大する）を果たすのは難しい。

むしろ、これではお客様に最善のサービスを提供することができない。そもそもお客様との関係は、受注後、納期どおりに製品を納め、期日までに入金してもらうという一連の流れをトータルでおこなうことによって成立する。

この場合は担当ごとに組織を細分化せず、課を最小単位として採算管理をしていくべきである。


以上が組織細分化の3つの条件である。アメーバの組織づくりでは、「ひとりひとりの社員の経営参加意識を高める」という細分化のねらいが果たせるよう、この3条件のもとで編制を考えていくことが重要である。

4 実践事例 日本航空の組織再編

本質は究極のサービス業

まずは組織の機能を明確にして役割を定め、採算部門と非採算部門のいずれとするかを決める。そして組織を細分化していく——。このことは業種や組織規模を問わず、すべての組織に適用することができる。これまで紹介してきた基本的な組織づくりの応用編として、日本航空再建における組織再編を見てみたい。

日本航空はアメーバ経営導入当時、従業員数3万2000名の巨大な組織だった。パイロットやCA、グランド・ハンドリング、整備など職種は多岐にわたり、国内のみならず世界中に拠点を有していた。

また、第2章で述べたように「装置産業でありながら、その本質は究極のサービス業である」航空運輸業ならではの特性もある。同社の組織再編事例は、サービス業あるいは大企業におけるアメーバ経営の導入事例として参考になるだろう。

なお、先に述べたとおり、日本航空の再建は「フィロソフィ」と「アメーバ経営」がクルマの両輪のように相互に関連しながら、あるいは一体となって作用することで実現したが、ここではアメーバ経営導入による組織再編に焦点を当てて紹介する。

利益責任を負う部門がなかった

アメーバ経営導入前、日本航空の組織は、「運航本部」「客室本部」「空港本部」「整備本部」という旅客運輸サービスを提供する4つの本部と、営業機能を担う「販売本部」「貨物郵便本部」、そして「本社間接部門」の計7部門で構成されていた(図表3―2)。

このうち、営業機能を担う「販売本部」「貨物郵便本部」は、売上のみを管理し利益には責任を負わないレベニューセンターに、「運航本部」「客室本部」「空港本部」「整備本部」は、費用だけを扱うコストセンターとして位置づけられていた。

そこには、収入と費用の双方をコントロールする「プロフィットセンター」は存在しない。採算を管理する体制もなければ、利益に責任を持つ人材もいなかった。

当時社長だった大西賢氏は後日こう述べている。

「『利益責任を負っているのは誰ですか』という質問をしたとします。おそらく当時の日本航空では誰も手を挙げないので社長の私が手を挙げる、という状態でした。『私がこの

図表3－2　アメーバ経営導入前の組織

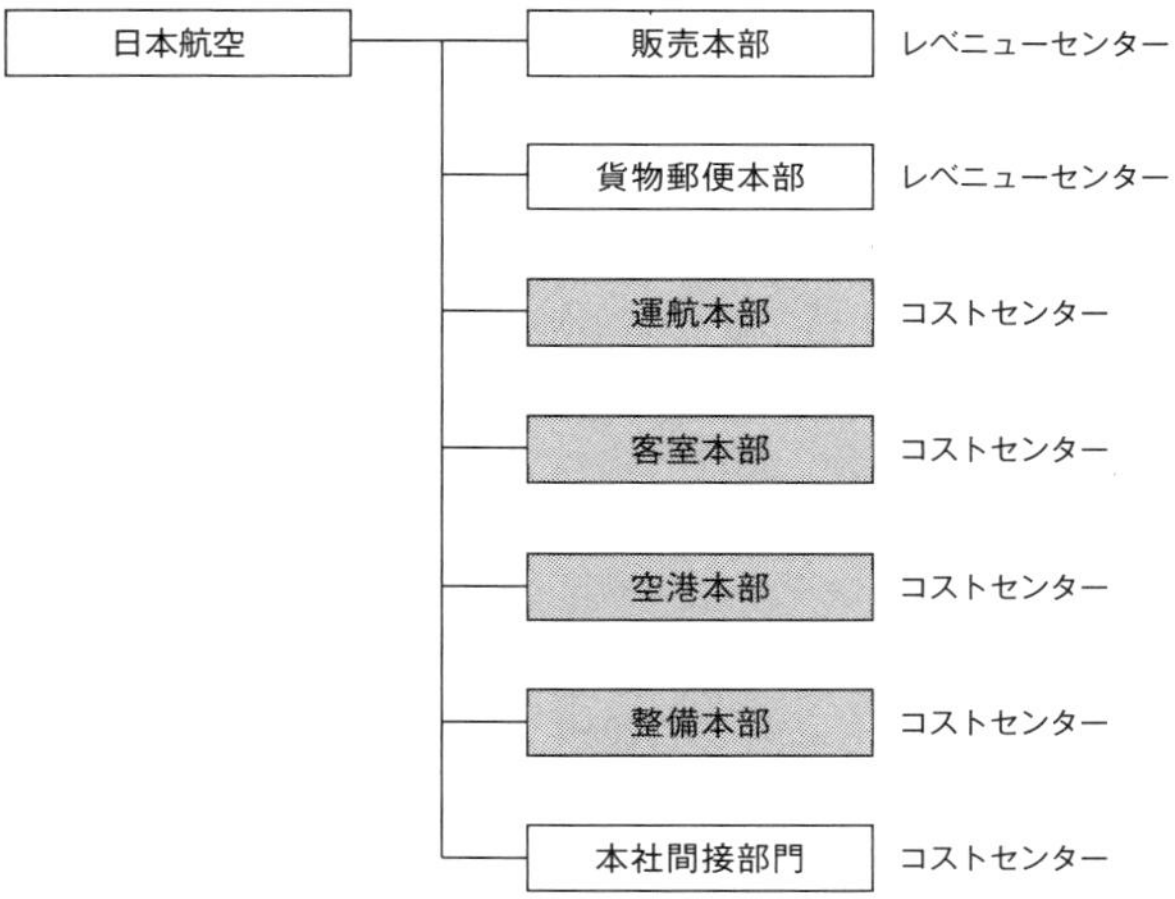

部門の利益責任を負っていますʼ』と手を挙げられる人がいない組織のつくり方だったのです。そこには利益に対する責任感がありませんから、収入の最大化と経費の削減をはかろうとする発想も意志もありませんでした」

路線統括本部の新設

アメーバ経営導入における組織再編においてカギとなったのは、旅客運輸サービスを提供した結果として得られる売上とそのためにかかる経費の双方をコントロールし、その差額である利益に責任を持つ部門を設置することだった。

このため、利益責任を持つ部門の設置においては、「旅客運輸サービスでは何を単位にして採算を見ていくべきか」という議論がなされた。

空港単位で採算をとらえるべきだという意見が提示されるなど、いくつかの案を検討する過程を経て最終的には稲盛の指示もあり、「1便ごとの路線・路便別採算を見ていくべきだ」との結論にいたった。

こうして、運航、客室、空港、整備の4本部は維持しつつ、新たに利益責任を持つ組織を設けることにした。それが「路線統括本部」である。路線統括本部は、運航計画を策定し、それを運航、客室、空港、整備の各本部の支援を受けながら実行することで利益を生み出すことを役割とする。

これと同時に、従来の販売本部は「旅客販売統括本部」に、貨物郵便本部は「貨物郵便事業本部」へと改編された。

これら3部門をいずれも、事業の遂行とその事業が生み出す利益に責任を持つ採算部門とした（図表3―3）。

また、従来コストセンターと位置づけられていた運航、客室、空港、整備の4本部は、日本航空グループ3万2000名の社員の多くが所属している本部でもあり、「日々現場で努力してくれる社員の人たちにこそ採算を意識してもらうべきだ」という判断から採算部門とした。路線統括本部への支援に応じた対価（社内協力対価）を受け取り、それを収入とすることで、旅客運輸サービスという付加価値を創出する採算部門と定義したのである（社内協力対価については第4章で説明する）。

なお、日本航空では、路線統括本部、旅客販売統括本部、貨物郵便事業本部は「事業部門」と、運航、客室、空港、整備の4本部は「事業支援部門」と呼ばれている。

こうしてアメーバ経営導入によって新たに採算部門が生まれ、より多くの社員が採算を意識することによって同社の収益性は飛躍的に高まっていった。

図表3－3　アメーバ経営導入後の組織

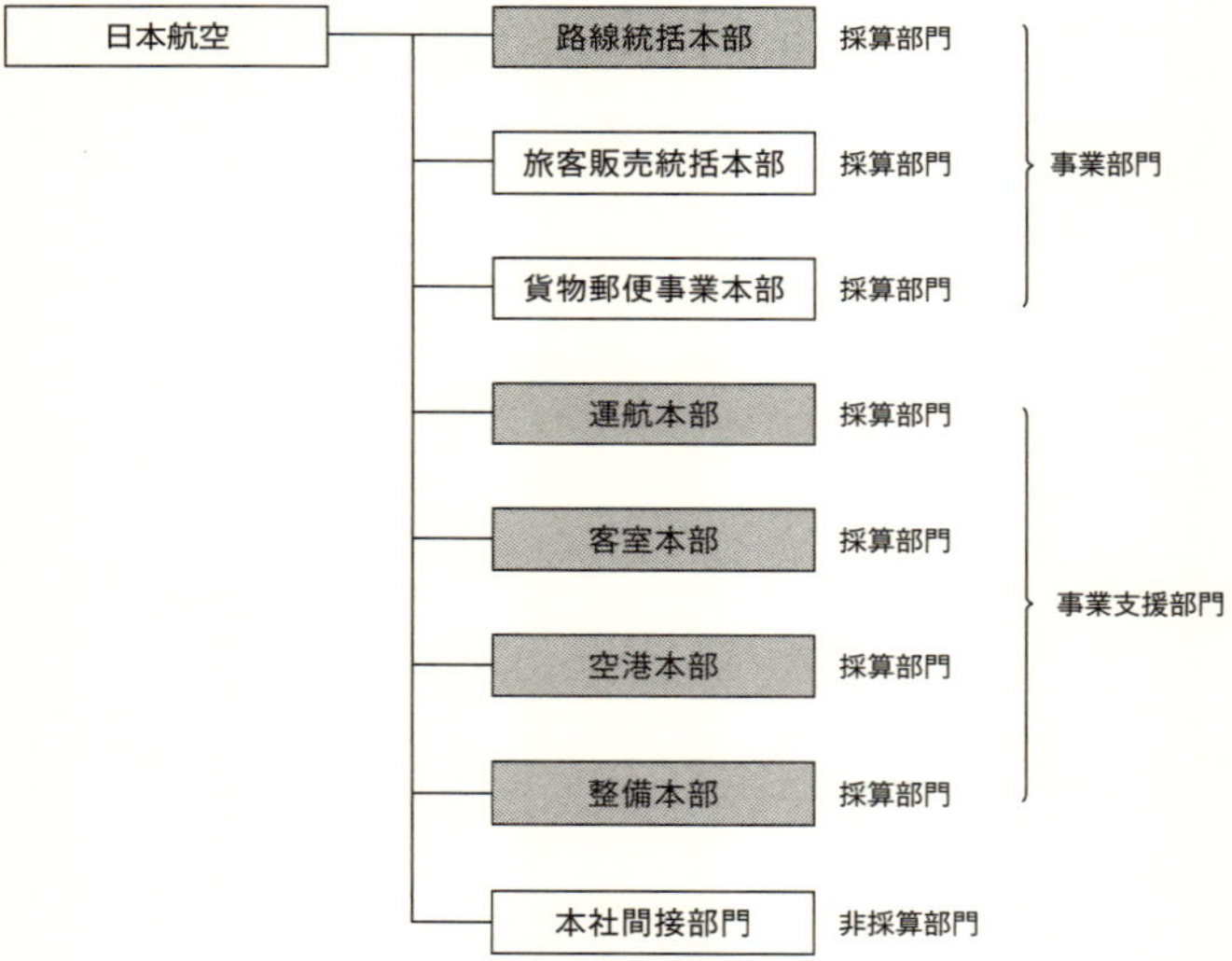

5 いま戦える組織をつくる

組織改編に柔軟に対応

一般的な企業では、組織の見直しは半期に1度、あるいは1年に1度といった頻度でおこなわれるが、市場は常に変化している。これまでにも、バブル経済の崩壊や急激な円高、リーマン・ショックなど大きな経済変動があった。こうした変化に柔軟に対応するためには、必要なときに必要な組織改編ができるようにしておく必要がある。

アメーバ経営では、一度つくった組織も市場の縮小や拡大に合わせて柔軟かつスピード感を持って見直す。常に変化する市場に合わせて組織の分割と統合をはかるのである。

その柔軟性は経営管理でも同様である。

一般的な企業では事業部や拠点別に独自の経営資料が作成されており、組織改編にあたってはデータの再集計などに時間を要することが多い。これに対しアメーバ経営では、経営資料は「時間当り採算表」に統一され（くわしくは第4章で説明する）、アメーバごとに集計されている。また、実績を集計する際のルールは全社共通である。

このため、たとえば事業部別から拠点別に組織を再編する場合でも、速やかに実績を集計して新たな部門別の時間当り採算表を作成することができる。

ポイントは、事業部別組織でも拠点別組織でも管理部門を独立した組織として設置すること、事業部や拠点ごとのローカルルールを認めず、常に一貫した全社統一の集計ルールを運用することである。そうすることで、どのような組織改編にもすばやく柔軟に対応することができる。

リーダーの力量を見極める

組織を細分化する際には、それぞれの部門を担うリーダーも選定しなければならない。このときに多くの企業が直面するのが、アメーバの運営を任せられる人材がいないという悩みである。

誰をリーダーにするかは難しい問題である。人間的にも能力的にも組織の長たるにふさわしい人材はそういるものではない。だが、そうした一部の人材だけに複数の組織を兼務させてしまっては、組織を細かく分ける意味がない。また、安易にリーダーを任命し、荷の重い役割を担わせてしまっては、かえって現場が混乱しかねない。

では、どうすればよいのか。その場合は能力や経験が不十分でもやる気があり、組織のために尽くそうとする人材を発掘し、その人にまずは小さなアメーバのリーダーを任せるのである。

そして、経験を積むことで成長を遂げたリーダーにはより大きな組織を任せていく。反対にリーダーとしての手腕が十分に発揮できていない場合は、任せている組織を縮小したり、他の組織と統合したりするなど柔軟な対応を取る。

このように組織改編には、「リーダーの力量を見極めて組織をつくり変える」という視点も求められる。

アメーバ経営を支える経営管理部門

アメーバ経営を機能させるには、その仕組みやルールを維持するための管理機能も必要となる。アメーバ経営において特徴的な組織である「経営管理部門」と、一般企業での役割とはやや異なる「資材購買部門」について説明したい。

アメーバ経営を正常に機能させるには、ルールを定めて定着させ、かつその根底にある経営思想を浸透させていくための部門を新たに設ける必要がある。それが「経営管理部門」

である。

経営管理部門は次の3つの役割を果たす。

1　アメーバ経営を正しく機能させるためのインフラ構築
・収入をとらえるための仕組みなどを構築する
・伝票処理などの各種ルールを設定し、運用する

2　経営情報の正確かつタイムリーな提供
・時間当り採算表を作成し、経営トップや各部門のリーダーをはじめとする全社員にタイムリーに提供する

3　会社資産の健全なる管理
・売掛金、製品在庫、固定資産など、会社が保有する資産を適切に管理する。製品在庫の残高を随時把握し、将来販売される見込みが乏しい場合は、速やかに除却するよう保有部門に促す
・管理対象は、貸借対照表に記載される各種資産にとどまらない。アメーバ経営で独

自に管理する「受注残」など各種残高にも及ぶ。これは第4章でくわしく説明する

経営管理部門はこうした役割を果たすために、ビジネスフローの各段階でモノ・カネ・情報のチェックをおこなう。たとえば、受注生産ビジネスであれば、「客先からの受注→資材発注→購入品入荷→製品生産→製品出荷（売上）→請求・入金」といったプロセスをたどるが、各段階で正しくタイムリーに伝票処理をするよう現場のアメーバを指導する。その結果、ビジネスフローの各段階で金額と物品の数量が正確に把握できるようになる。経営管理部門は公平・公正なルールのもと、経営情報を正確かつ迅速に取りまとめ、経営トップと事業部門の双方にタイムリーに提供していく。

経営管理部門はよく経理部門と対比されるが、それぞれの役割は異なる。経営管理部門が「時間当り採算表」の作成を担うのに対し、経理部門は「財務諸表」の作成を担う。両部門は密接にかかわり合いながら業務をおこなう。

一般的な企業の会計手続きでは、「管理会計」よりも「財務諸表」の作成を重視する。その場合は、財務会計を担当する経理部門が会計実務の中心的な役割を担い、売上データや製造原価、販売費および一般管理費などの経費データを収集・集計する。管理会計は、経理部門が集計したデータを転用して作成される。

これに対しアメーバ経営では、経営管理部門が日々の経営実績を明らかにするために日次で各種の伝票処理や実績集計を担い、経理部門がこのデータをもとにして財務諸表を作成する。両部門が同一のデータを相互に共有することで、財務会計と管理会計の連携をはかる。

管理機能を担う資材購買部門

資材購買部門は、各アメーバからの要求を受けて購買活動を一括しておこない、良質安価な物品を納期どおりに調達する。資材購買部門の役割は次のとおりである。

1 外部業者に対する発注業務について責任を持ち、価格および納期交渉をおこなう(仕入業者の選定、価格および納期交渉・決定、発注書の作成など)

2 仕入先の開拓、よりよい新材料や部品などの検討をおこなう

一般的に資材購買部門は製造部門内に位置づけられることが多い。これに対してアメーバ経営では、資材購買部門は製造部門でなく管理部門に位置づけられている。購買活動に

おけるミスや仕入先との馴れ合いが生じないよう、組織的なダブルチェックをかけるためである。

また、購買を一元化することで、購買ノウハウを蓄積したり、価格交渉力を高めたりするねらいもある。

ダブルチェックをかけるために、アメーバ経営の購買フローでは次の4部門が関与する。

・購入を依頼する部門（要求元部門）
・資材購買部門
・経営管理部門
・経理部門

まず、仕入先の選定や価格交渉、発注行為は、実際に物品を必要とする要求元部門ではなく資材購買部門がおこなう。納品物は、資材購買部門や要求元部門に直接届くのではなく、経営管理部門が受け取る。また、代金の支払いは、伝票を起票した部門ではなく経理部門がおこなう。

このように4部門がそれぞれの役割を果たして購買活動を進めていくことで、発注段階や納品段階、支払段階ごとに牽制がかかり、ミスや不正を未然に防止しながら購買活動を進めていくことができる。

第4章

採算管理でやる気を引き出す

——運用ルールの構築

1 本質を追究した稲盛会計学

使命感を高め、ミスや過ちから守るために

第3章では、機能別に組織の役割を定め、採算部門か非採算部門かを明確にしたうえで細分化をおこなうことで、すべての社員が使命感を持って仕事に打ち込めるようになり、会社機能が最大限に発揮されることを述べた。

本章では、機能別に細分化した各アメーバの採算を管理していくための「運用ルール」と、その構築方法を説明する。

運用ルール構築の最も大きなねらいは、社員のやる気を引き出すことである。会社組織とは突き詰めれば人の集まりであり、ひとりひとりの社員が自ら採算を意識して経営に参加すれば、より大きな組織力が発揮される。

そのためには、「売上最大、経費最小」に向けた取り組みの成果が各アメーバの実績としてタイムリーに反映されなければならない。今日一日、一生懸命頑張った結果が次の日にわかれば、全社員が実績数字に関心を持つようになる。さらに、そうした実績数字が一

日また一日と積み上がっていくことを実感できれば、目標を達成するやりがいや楽しさも生まれるだろう。リアルタイムに成果を確認できることが重要である。

また、リアルタイムに提供される経営数字は、目標を達成するためのインジケーターであり、飛行機のコックピットに並ぶメーターのような役割を果たす。それだけに、日々懸命に仕事に取り組むすべての社員が信頼を置くことができる完璧なものでなければならない。

もうひとつ、運用ルール構築における重要なポイントがある。それは、社員の目標達成への思いだけを突出させてエゴや利己主義を増長させたり、特定の部門だけに都合のよい公正・公平さを欠いたりしたものであってはならないことである。さらには、数字のごまかしや不正を許すものであってはならない。

したがって、単に会計の常識や一般論に従うだけでは、運用ルールを構築することができない。「会計とは本来どうあるべきか」といった本質の追究こそが、社員ひとりひとりの使命感や能力を高めるとともに、彼らをミスや過ちから守り、筋肉質な企業体質づくりを可能にしていく。なぜそうしたルールになっているのかと問われたとき、そこには誰もが納得できる原理原則に則した回答が用意されていなければならない。

本章では、まず、運用ルール構築において最も重要となる会計の本質を、「稲盛会計学」

をもとにして説明する。そのうえで「売上最大、経費最小」に向けた社員の努力の結果を数字で示し、ひとりひとりのやる気を引き出すための「収入」と「経費」の計上方法を、さらには「時間当り採算表」の作成に必要な「時間」のとらえ方を説明する。そして、アメーバ経営で最も重要な月次の経営資料である「時間当り採算表」の構造を紹介する。

実体験から生まれた「7つの会計原則」

アメーバ経営を導入する際に重要となるのは、その組織の会計処理が公明正大かつ正確、迅速におこなわれることである。経営データは、経営者やアメーバのリーダー、メンバーにとって現在の経営状況をありのままに伝えるものでなければならない。特にアメーバ経営では、日々の会計処理が正しく迅速におこなわれ、各アメーバの売上や生産、経費、時間などが常に正しく把握されている必要がある。そうした会計処理のベースとなる考え方が「稲盛会計学」である。

物事を判断するには常にその本質までさかのぼり、「人間として何が正しいか」で判断することが大切だが、これは会計でも同じである。

京セラでは、設備などの減価償却費の償却期間について、税法が定める「法定耐用年数」

ではなく、それぞれの設備が正常に機能する期間を見極めた「自主耐用年数」を定め、それにもとづいて償却している。

税務上は「法定耐用年数」を用いるので、減価償却費の計算が二本立てになって煩雑になると感じるかもしれない。しかし、「なぜ減価償却をおこなうのか」という本質にさかのぼれば、それぞれの設備が正常に機能する期間で償却計算をおこない、経営の実態に即したかたちで経費として計上することが重要となる。

つまり、会計上の常識とされている考え方や慣行を基準にして安易に判断するのではなく、あくまで本質を追究し、経営の原理原則に立ち戻って判断することが大切なのである。

以下では、稲盛が自らの体験をもとに確立した「稲盛会計学」の7つの会計原則について、特にアメーバ経営に関連する要点を解説する（稲盛会計学は『稲盛和夫の実学』（日本経済新聞出版社）にくわしい）。

1　一対一対応の原則

日々の事業活動のなかではモノとお金がたえず動いている。会計処理では常にモノと伝票（お金）を一対一で対応させることが必要であり、このことを「一対一対応の原則」と呼ぶ。

たとえば、急にある部材が必要となり、急ぐあまり正式な伝票処理を後回しにして入荷し、現場が受け取ったとする。この場合、実際には部材を購入し、使用していても、会計上は経費計上されておらず、その会計数字は経営の実態を示していないことになる。これでは正しい経営判断をおこなえない。

どのようなときであっても「一対一対応の原則」を貫き、モノが動けば必ず伝票が起票されるようにしなければならない。そうすることでモノやお金の流れを常に正しく把握し、会社の実態を正確に表した会計データを得ることができる。

2　ダブルチェックの原則

人は、魔が差したとしかいいようのない過ちをおかすことがある。たとえば、今月の実績が目標に届かないので、つい数字を操作してしまう、といったことは起こりうる。こうした人が持つ弱さから社員を守るために、複数の人や部門がお互いにチェックし、正しい会計処理をおこなうようにするのが、「ダブルチェックの原則」である。

そのためには、モノやお金を出し入れする人と伝票を起こす人を分けて、資材品の受け取りや製品の出荷、売掛金の回収にいたるまでダブルチェックがおこなわれる体制をつくることが重要となる。

すべての業務プロセスで常にダブルチェックが徹底されるシステムをつくりあげれば、経営数字に対する信頼性を高めることができる。これは、社員に間違いをおかさせてはならないという愛情の表れでもある。

3　完璧主義の原則

「完璧主義の原則」とは、いかなる曖昧さや妥協も許さず、細部にわたって完璧に仕上げることを目指すものであり、全社員が仕事に取り組むにあたって取るべき基本的な態度である。

売上や採算の目標に対して「100%には達しなかったが95%は達成できたので、まずまずの結果だ」という考え方であってはならない。「95%の達成でよいなら、90%でも80%でもよいではないか」となり、社内の規律が甘くなっていくからである。全社員が完璧を目指し、最後の最後まで強い意志を持って仕事に取り組む。それが計画の達成につながるのである。

完璧主義の実践はたいへん難しいことだが、あらゆる仕事で常に完璧を目指すことがすばらしい製品やサービスを生み出す。これは会計処理でも同じである。100%正しい数字でなければならないという姿勢で仕事に取り組むことが重要である。

4　筋肉質経営の原則

会社経営では、贅肉のない引き締まった経営体質を構築することが肝要である。そのためには、売上や利益を生まない余分な在庫や設備を一切持たない「筋肉質経営」を目指すべきである。

部材の購入や商品の仕入れでは、必要なものを必要なときに必要な量だけ購入する「当座買いの原則」がある。これを守ることで、いまあるものを大切に使うようになる。また、余分な在庫がなくなるため、在庫管理のための経費や場所、時間を節約することもできる。

業績をよく見せたいために、売れない商品を在庫として計上したり、不良債権を処理しないまま放置したりしているようでは、「筋肉質経営」を実践しているとはいえない。在庫や債権については運用ルールを設けて厳しく管理しなければならない。

こうした努力の積み重ねによって会社は常に健全で強固な経営体質を保つことができる。

5　採算向上の原則

全社員の幸せを追求し、さらには株主などのステークホルダーに報いるために、企業には、常に採算を向上させて強い財務体質を築き、会社を発展させていくことが求められる。

アメーバ経営では採算を向上させるために、経営の原理原則である「売上最大、経費最小」を実践するための仕組みをつくりあげる。全社員が経営者意識を持ち、創意工夫を重ね、一致団結して採算向上に注力する。それによって強い企業体質をつくることができる。

6 キャッシュベース経営の原則

「キャッシュベース経営の原則」とは、お金の動きにもとづいてシンプルな経営をおこなうことである。

現代の会計では「発生主義」といわれる考え方にもとづいて会計処理をおこなうため、お金の受け取りや支払いがなされる時点と、それらが収益や費用に計上される時点とが異なる場合がある。このため、実際のお金の動きと決算書の損益の動きが直結しなくなり、経営の実態がわかりにくくなっている。

そこで、経営で最も重要となる「キャッシュ」に注目し、実際の「キャッシュの動き」と「利益」が直結する経営をおこなう。くわしくは後で述べるが、会計処理や時間当り採算のルールをつくる際にも「キャッシュベース経営の原則」の考え方が重要となる。

7 ガラス張り経営の原則

「ガラス張り経営の原則」とは、経営者だけが会社の実態を把握するのではなく、全社員が経営状況を知ることができる透明な経営をおこなうことである。「全員参加経営」を目指すアメーバ経営では、全社員が自部門や会社全体の経営状況、経営方針を知っておくことが欠かせない。経営実態や自分たちが進むべき方向を共有することで経営参加意識が生まれるからである。

実際にアメーバ経営では毎日の朝礼で、各アメーバの前日までの実績が発表される。事業部門ごとや全社の月次実績も毎月発表され、全社員が会社の経営状況を知ることができる。自部門の売上や経費、時間の詳細がわかるからこそ、採算向上のための取り組みを日々具体的におこなうことができるのである。

また、先に挙げた「一対一対応の原則」や「ダブルチェックの原則」とともに「ガラス張り経営の原則」を忠実に実行していくことで社内の士気を高め、不正や不祥事の起こらない強い企業体質を築くことができる。

以上の7つの会計原則を徹底することで、社内の会計処理は公明正大かつ正確、迅速なものとなる。これらが実現することでアメーバ経営の基礎となる盤石な会計システムが構築されていく。

2　収入をとらえる

収入をとらえる3つの仕組みと社内売買の発展型

仕事の成果を毎日リアルタイムで把握できれば、社員たちはその結果に関心を持ち、よりよい成果を得ようと自主的に働こうとする。そのためには仕事の成果に応じた「収入」をとらえられる仕組みが必要である。

現場の社員が「今日一日働いて、いくらの収入が得られたか」を把握できれば、「仕事には必ず対価として収入がある」という感覚を身につけ、常に採算を意識することが習慣化されていく。そうなれば、日々単に作業を繰り返すのではなく、「売上最大、経費最小」に向けた創意工夫の取り組みがおこなわれるようになる。

そのためにもアメーバの採算は、わかりやすく、かつタイムリーに把握できるものでなければならない。財務諸表のような複雑な計算にもとづくものでは現場の社員たちは興味を持てず、主体的なアクションも生まれにくい。

また、成果を「金額」でとらえることも重要である。たとえば製造現場では生産したモノの個数や重量などで成果を管理することが多いが、それでは採算意識を持てない。それよりも、生産個数に単価を掛けて生産金額（生産高）を算出し、それを達成するために経費をどのくらい使ったかがわかれば、現場の社員の採算意識を高めることができる。

さらに、値引きによる収入減や歩留まり低下による原材料費の変化などを肌で感じられれば、「何とかしなければならない」という意欲も生まれる。

いずれも、やる気を引き出す採算管理の仕組みづくりにおいて重要な要件である。

以下では、まず「受注生産方式」における収入のとらえ方を、次に「在庫販売方式」における収入のとらえ方を解説する。そのうえで、組織を細分化した際に必要となる「社内売買」と、その発展型である「社内協力対価」の仕組みについて説明する。

1　受注生産方式
2　在庫販売方式
3　社内売買
4　社内協力対価（社内売買の発展型）

①受注生産方式

受注生産方式とは、顧客から注文を受け、その仕様にもとづいてモノを生産・販売するビジネスにおいて、営業部門と製造部門の収入を設定するための仕組みである。

受注生産ビジネスでは製品を他社に転売できないため、一品ごとに顧客と交渉して値決めをおこない、その受注価格で利益を生み出すことが求められる。このため、「受注金額＝売上金額＝生産金額」のすべてを製造部門の収入とする。製造部門には、常に市場価格を意識し、その価格のなかで十分な利益があがるよう徹底的にコストダウンをはかることが求められる。

販売単価が下落したとしよう。その市場動向の変化は、引き合い段階や受注段階で製造部門の各アメーバまでダイレクトに伝えられる。これに対処するために製造部門の各アメーバは単価下落が採算に及ぼす影響を事前に察知し、直ちに生産方法を見直すなど、利益を確保するための取り組みをおこなう。具体的には顧客からの引き合いに対して、まずは製造部門の事業責任者が「値決めは経営」であるという考え方のもと、慎重に検討したうえで見積もりが示される。

一方、営業部門では「製造部門から受け取る営業口銭」が収入となる。

たとえば、受注金額が2000万円、営業口銭率が10％の場合を見てみよう（図表4―1）。製造部門（社外出荷部門）では、顧客から受け取る売上金額（生産金額）2000万円が収入となり、それを生産するために要した経費と営業部門に口銭として支払う200万円（＝2000万円×10％）が経費となる。

そして営業部門では、製造部門から受け取った営業口銭200万円が収入となる。

なお、図表下段に示したのは、この取引をおこなった際の「時間当り採算表」である。時間当り採算表については後でくわしく述べる。

営業部門も採算が取れる口銭率に

このように「口銭方式」を採用することで、営業部門と製造部門がともに「売上最大」を追求することができるようになる。

ところで、「営業口銭率」はどのようにして決めるべきだろうか。

口銭率は、営業にかかる労力やコストを踏まえながら、営業部門と製造部門で収入をどう配分するかを決めていくのがよい。利益責任を負うのは製造部門だが、営業部門でも採算が取れて、やる気を出せるような口銭率にすることが重要である。

図表4－1　受注生産方式

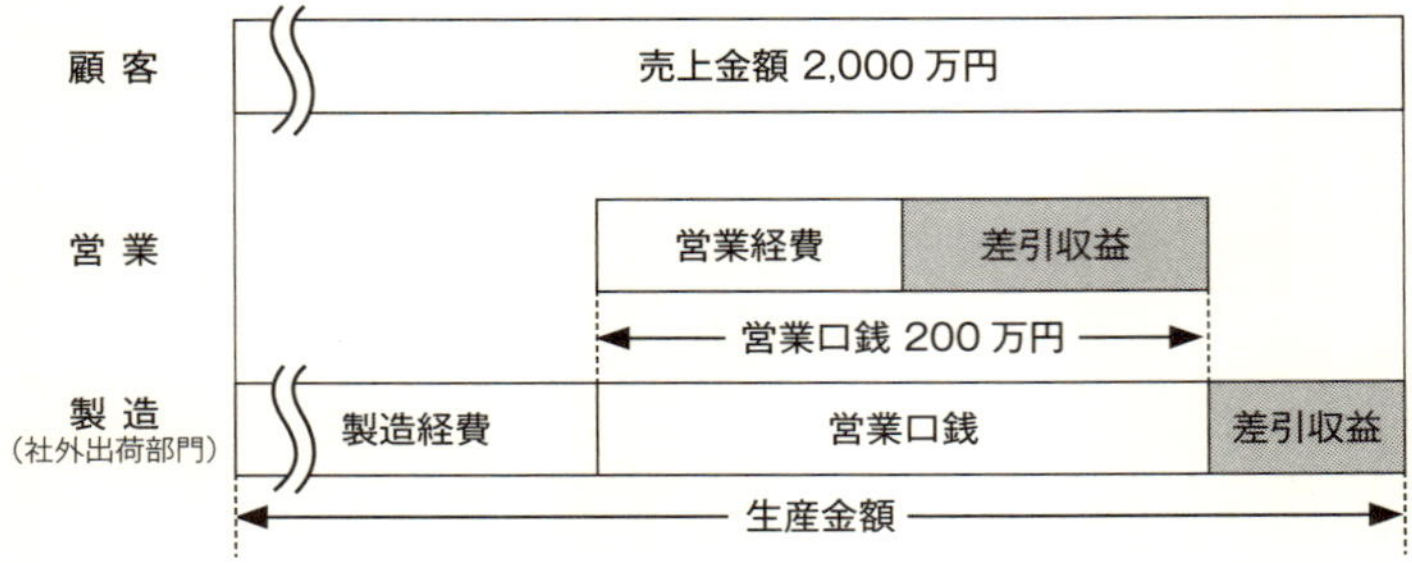

製造部門の時間当り採算表　（円）

	科 目	実 績	算出式
①	総出荷	20,000,000	②＋③
②	社外出荷	20,000,000	＝売上
③	社内売	0	
④	社内買	0	
⑤	総生産	20,000,000	①－④
⑥	控除額	15,000,000	a～z の計
	a 原材料費		
	……		
	……		
	……		
	y 営業口銭	2,000,000	
	z 本社経費		
⑦	差引収益	5,000,000	⑤－⑥
⑧	総時間（時間）	1,000	
⑨	時間当り	5,000	⑦÷⑧

営業部門の時間当り採算表　（円）

	科 目		実 績	算出式
①	受 注		20,000,000	
②	総売上高		20,000,000	③＋⑥
③	受注生産	売上高	20,000,000	
④		受取口銭	2,000,000	
⑤		収益小計	2,000,000	＝④
⑥	在庫販売	売上高	0	
⑦		売上原価	0	
⑧		収益小計	0	⑥－⑦
⑨	総収益		2,000,000	⑤＋⑧
⑩	経費合計		1,000,000	a～z の計
	a 電話通信費			
	……			
	……			
	z 本社経費			
⑪	差引収益		1,000,000	⑨－⑩
⑫	総時間（時間）		200	
⑬	時間当り		5,000	⑪÷⑫

また、口銭率は事業ごとに設定することも可能だが、一度設定した口銭率は安易に変えてはならない。受注価格が厳しくなると製造部門から「口銭率を引き下げてほしい」という声があがることもあるが、安易に口銭率を下げれば「製造部門が市場価格を意識し、その価格内で利益を残す」という本来の主旨に反してしまう。

受注実績を正しく反映させる

受注生産方式の重要なポイントのひとつに、いかに受注実績を正しく反映させるかということがある。

受注実績とは「客先からの注文書を受領した時点でとらえた実績」である。受注実績は直接、収支に影響を及ぼさないが、次の理由から経営数字としてとらえることがきわめて重要となる。

・受注実績には営業活動の成果が表れる
・受注実績は受注残と合わせて売上の先行指標となる
・受注実績は生産活動の起点となる

さらには受注そのものを厳密に定義し、受注実績の計上方法を厳格に適用する必要がある。たとえば、次の条件を満たすもののみを受注実績として計上する。

・注文書など、受注した証憑がある
・数量と単価が確定している
・納期や納品先が明確である
・支払条件や配送条件が決まっている　など

口頭内示などの不確実な情報も受注実績として認めると、不良在庫をつくり出す要因となりかねない。その場合は、早期に受注を確定させるよう営業部門に促す必要がある。

また、受注計上のルールを厳格に運用しても、まれに数量や金額など受注内容が変更されることがある。これは本来あってはならないことだが、その場合は採算表上の受注実績もすぐに変更する。そうしないと、先行指標として管理していた受注残が不正確なものとなり、信憑性が低下してしまうからである。

そのうえで、受注生産方式では、受注残がないにもかかわらず製造部門が自部門の都合で生産しても生産実績として認めない。くわしくは後述するが、受注実績と生産実績を一対一で対応させて管理するためである。収入として認められる生産金額は常に受注金額と同じでなければならない。

とはいえ、これを厳密に適用するのは非常に難しい。たとえば、受注数量1000個に対し、歩留まりを考慮して1100個分の材料を投入したとしよう。その結果、1050個が完成したとしても、50個分の収入が認められないため、採算は悪化する。

反対に1010個分の材料しか投入しなかった場合はどうか。その結果、完成品が960個しかできなければ欠品を起こしてしまう。

採算を追求するあまりに欠品を起こし、顧客に迷惑をかければ、取引そのものがなくなってしまうこともある。歩留まりや直行率が安定していなければ、納期を守り、採算を維持することはできない。受注した売上金額（生産金額）しか収入として認められない受注生産方式では、歩留まりや直行率を適切に見極めて投入数を決める必要がある。

また、製造部門は、納期どおりに製品を納めるよりも、つくりやすいものや採算のよいものの生産を優先したいと考えてしまいがちだ。各アメーバが自主独立的に経営するとはいえ、こうした顧客に迷惑がかかる判断は慎むべきである。

E社での導入と改善効果

第3章で取り上げたE社の事例を見てみよう。同社は、家電メーカーからの引き合いに応じて顧客仕様の製品を一品一品、その都度、見積りを提示して受注し、その受注内容にもとづいて生産する下請け会社である。また、アメーバ経営導入後の同社の組織図は、図表4―2のとおりである。

収入を計上する

営業1課は、家電メーカーからの引き合いに応じて仕様を詰め、組立1係に製造見積りの依頼を出した。組立1係と組立課の責任者は、その仕様から工数やコストを計算し、求められる市場価格とのバランスで値決めをおこなった。

営業1課は、組立1係から受け取った製造見積りをもとに家電メーカーへ見積りを提示し、注文を獲得した。1個100円の部品を15万個納品するというものである。営業1課はこの注文書をもとにして受注実績1500万円（＝100円×15万個）を計上した。

受注実績が計上されたことで組立1係に製造指示がなされ、生産が始まった。部品加工係やメッキ係、プレス係が担う各工程を経て、最終的に組立1係で生産が完了し、梱包が

図表4－2　E社の組織図

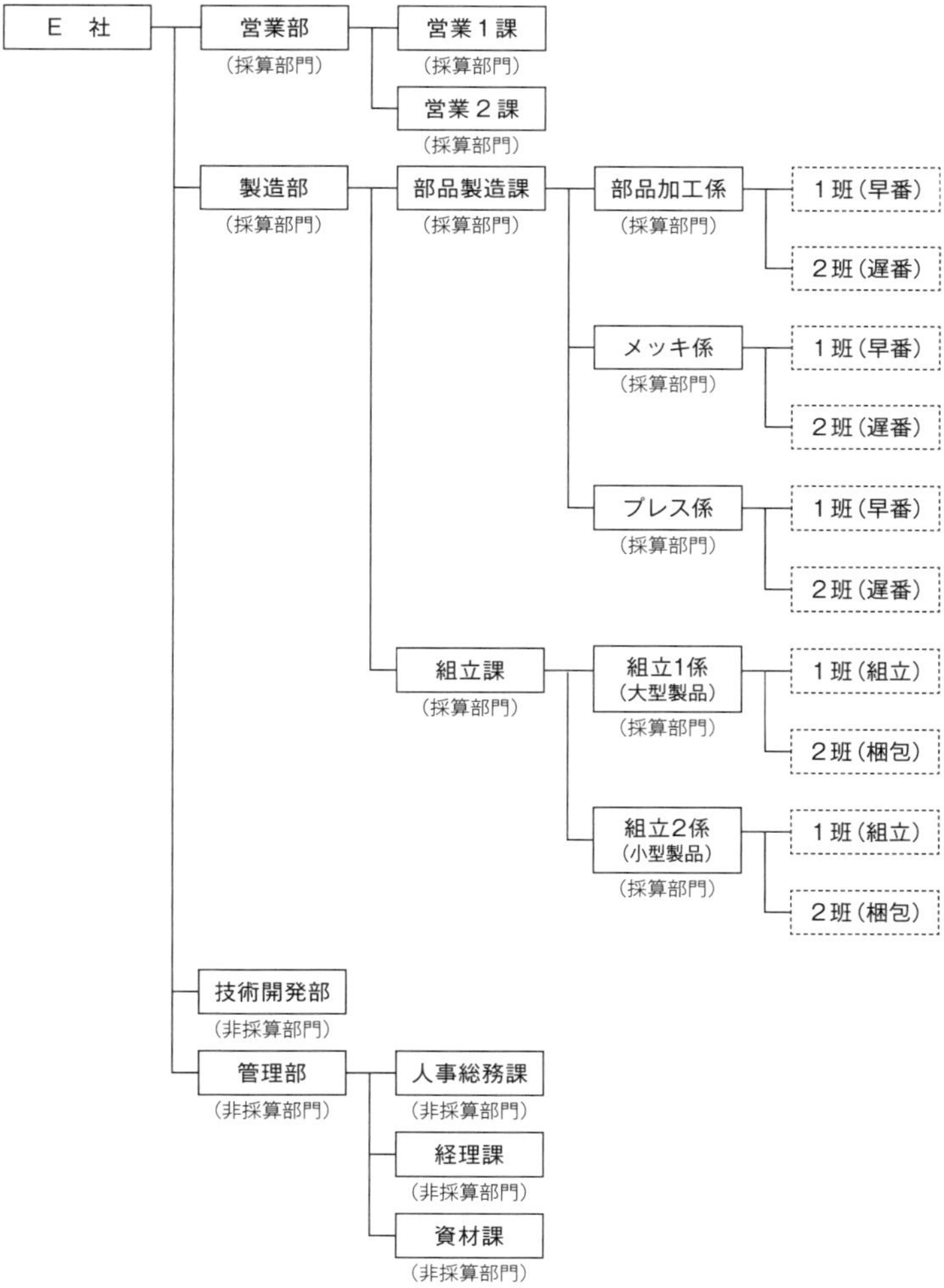

E　社
営業部
（採算部門）
営業１課
（採算部門）
営業２課
（採算部門）
製造部
（採算部門）
部品製造課
（採算部門）
部品加工係
（採算部門）
１班（早番）
２班（遅番）
メッキ係
（採算部門）
１班（早番）
２班（遅番）
プレス係
（採算部門）
１班（早番）
２班（遅番）
組立課
（採算部門）
組立1係
（大型製品）
（採算部門）
１班（組立）
２班（梱包）
組立2係
（小型製品）
（採算部門）
１班（組立）
２班（梱包）
技術開発部
（非採算部門）
管理部
（非採算部門）
人事総務課
（非採算部門）
経理課
（非採算部門）
資材課
（非採算部門）

終わると、社外出荷実績1500万円が計上された。

製品が家電メーカーに出荷され、営業1課に売上実績1500万円、受取口銭150万円（＝1500万円×10％）が計上された。

この一連の取引を「時間当り採算表」で示したものが、図表4―3である（なお、社内売買ならびに時間当り採算表については後述する）。

値引き要請に対応する

こうした取引を続けるなか、発注元の家電メーカーから値引き要請があり、単価を95円にせざるを得なくなった。営業1課は組立1係に単価95円で採算が取れるかどうかを相談した。

組立1係は前工程アメーバである部品加工係とコスト見直しをおこない、歩留まりの改善や原材料費の削減、工数の削減をすることで単価95円でも利益が出せる見通しを立てた。社外出荷金額が1425万円（＝95円×15万個）となるため、社内売買価格についてもコスト低減に合わせて見直しをおこなった。

このようにアメーバ経営では市場価格の変化に対して即座に対応することができる。以前であれば、現場の社員が受注価格を意識して自主的に行動を起こすことはなかった

図表4−3　収入を計上する

営業1課の時間当り採算表　　（円）

		科目	実績
A	受　注		15,000,000
B	総売上高((1)+(4))		15,000,000
	受注生産	(1)売上高	15,000,000
		(2)受取口銭	1,500,000
		(3)収益小計(=(2))	1,500,000
	在庫販売	(4)売上高	0
		(5)売上原価	0
		(6)収益小計 ((4)−(5))	0
C	総収益((3)+(6))		1,500,000
D	経費合計(①+②+…+⑫)		500,000
		①電話通信費	5,000
		②旅費交通費	3,000
		③荷造運賃費	5,000
		④販売手数料	0
		⑤販促費	0
		⑥広告宣伝費	0
		⑦接待交際費	2,000
		……	……
		……	……
		⑧社内金利	500
		⑨賃借料	100,000
		⑩内部諸経費	50,000
		⑪部内共通費	30,000
		⑫本社経費	15,000
E	差引収益(C−D)		1,000,000
F	総時間(時間)(⑬+⑭+⑮+⑯)		200
		⑬定時間	150
		⑭残業時間	30
		⑮振替時間	5
		⑯共通時間	15
G	時間当り(E÷F)		5,000

組立1係の時間当り採算表　　（円）

	科目	実績
A	総出荷(B+C)	15,000,000
B	社外出荷	15,000,000
C	社内売	0
D	社内買	9,000,000
E	総生産(A−D)	6,000,000
F	経費合計(①+②+…+⑩)	5,000,000
	①原材料費	2,000,000
	②金具・仕入商品費	500,000
	③外注加工費	600,000
	④修繕費	100,000
	⑤電力費	80,000
	……	……
	……	……
	……	……
	⑥金利償却費	50,000
	⑦内部諸経費	20,000
	⑧部内共通費	60,000
	⑨営業経費	1,500,000
	⑩本社経費	30,000
G	差引収益(E−F)	1,000,000
H	総時間(時間)(⑪+⑫+⑬+⑭)	400
	⑪定時間	300
	⑫残業時間	60
	⑬振替時間	15
	⑭共通時間	25
I	時間当り(G÷H)	2,500

だろう。しかし、アメーバ経営導入後は、値引き要請に対する動きが生まれた。現場の社員の意識と行動の変化が高収益企業への転換の起点となる。

図表4－4は、値引き要請に対応した組立1係の採算表の変化を示したものである。

見込生産をおこなわない

また、部品加工係はこれまで恒常的に見込生産をおこなっていた。家電メーカーからのリピートオーダーの納期は短く、注文を受けてから生産をスタートしていては納期に間に合わないからである。

ところが、家電メーカーの経営が厳しくなり発注数が減ると、E社では中間品の在庫を抱えるようになった。見込生産に応じて組立1係が部品加工係から受け取っていた中間品が滞留してしまったのである。

しかし、アメーバ経営導入後は、そうしたことがなくなった。受注生産方式では受注にもとづく生産しか認めていないからである。それ以前のE社は、「顧客の要望を満たすには見込生産が当たり前で、それが納期に応えるための最善策だ」という固定観念にとらわれていた。受注が確約されていないなかで生産をおこなえば不良在庫が発生し、経営上大きなリスクを伴う恐れがある。

図表4－4　値引き要請に対応する

値引き前

組立1係の時間当り採算表　（円）

	科目	実績
A	総出荷（B＋C）	15,000,000
B	社外出荷	15,000,000
C	社内売	0
D	社内買	9,000,000
E	総生産（A－D）	6,000,000
F	経費合計（①＋②＋…＋⑩）	5,000,000
	①原材料費	2,000,000
	②金具･仕入商品費	500,000
	③外注加工費	600,000
	④修繕費	100,000
	⑤電力費	80,000
	……	……
	……	……
	……	……
	⑥金利償却費	50,000
	⑦内部諸経費	20,000
	⑧部内共通費	60,000
	⑨営業経費	1,500,000
	⑩本社経費	30,000
G	差引収益（E－F）	1,000,000
H	総時間（時間）（⑪＋⑫＋⑬＋⑭）	400
	⑪定時間	300
	⑫残業時間	60
	⑬振替時間	15
	⑭共通時間	25
I	時間当り（G÷H）	2,500

値引き後

組立1係の時間当り採算表　（円）

	科目	実績
A	総出荷（B＋C）	14,250,000
B	社外出荷	14,250,000
C	社内売	0
D	社内買	8,800,000
E	総生産（A－D）	5,450,000
F	経費合計（①＋②＋…＋⑩）	4,550,000
	①原材料費	1,900,000
	②金具･仕入商品費	450,000
	③外注加工費	500,000
	④修繕費	50,000
	⑤電力費	70,000
	……	……
	……	……
	……	……
	⑥金利償却費	40,000
	⑦内部諸経費	20,000
	⑧部内共通費	60,000
	⑨営業経費	1,425,000
	⑩本社経費	30,000
G	差引収益（E－F）	900,000
H	総時間（時間）（⑪＋⑫＋⑬＋⑭）	360
	⑪定時間	300
	⑫残業時間	20
	⑬振替時間	15
	⑭共通時間	25
I	時間当り（G÷H）	2,500

こうして、正式な受注を生産活動の起点と定めたE社では、営業部門が何としてでも早期に注文書を獲得しようと全力を注ぐようになった。製造部門はリードタイムを短縮して短納期に応えられるよう改善することで、それを支援した。

結果、E社では以前よりも受注、売上ともに伸ばすことができたのである。

②在庫販売方式

受注生産ビジネスでは受注単位で採算を管理し、利益を確保しなければならない。これに対し、自社の責任で生産したものを複数の顧客に販売する在庫販売ビジネスでは、自社の商品がどれくらいの価格でどれくらいの数を販売できるかを想定したうえで生産する必要がある。受注するたびに生産していたのでは効率が悪く、ビジネスのスピードにも到底追いつかないからである。

これをアメーバ経営では「在庫販売方式」と呼び、前述した「受注生産方式」とは異なる仕組みで運用する。

在庫販売方式では、見込みで生産をおこなう必要がある。このため、同方式では、最終ユーザーが購入する「購入価格」と流通各社が販売する「市場価格」を予測し、流通マー

図表4－5　実際の取引価格を想定する

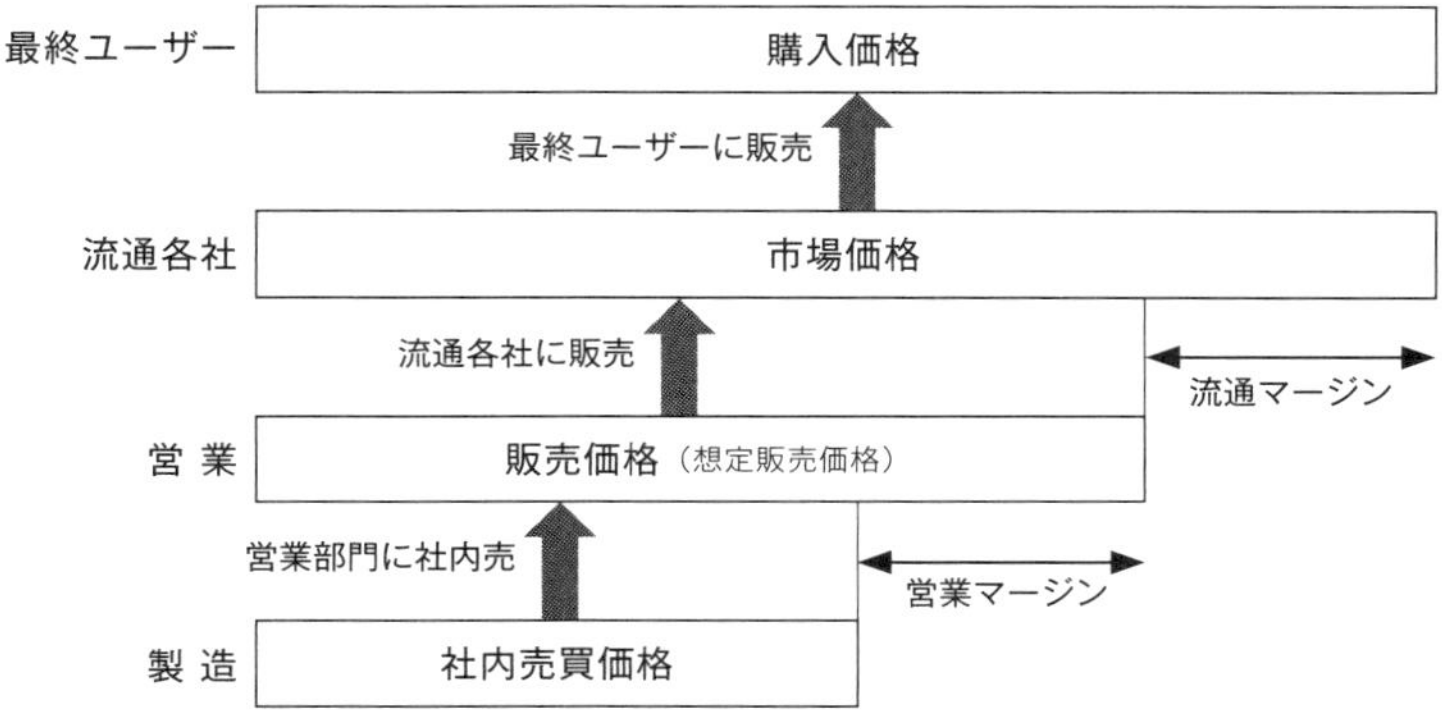

ジンなどを考慮した実際の取引価格（自社の「販売価格」＝「想定販売価格」）を想定する（図表4―5）。販売量についても、営業部門が綿密な市場調査をおこない、計画を立案する。

そのうえで営業部門が製造部門に発注し、社内取引として商品を買い取るのである。

この流れを、市場価格3500円、販売見込み数量を1万個と予測したコンシューマー商品を例にして考えてみよう。

営業部門は、市場価格3500円を基準にして、卸会社への想定販売価格を3000円と設定した。そのうえで営業部門と製造部門が社内売買の単価を交渉して1600円とすることにした。

営業部門は製造部門に対して1600万円（＝1600円×1万個）の社内発注をおこない、製造部門は部材を調達して商品を生産する。完成後、社内発注価格で営業部門に引き渡すことで、社内売1600万円が製造部門の収入となり（1600万円分の商品は営業在庫に計上される）、そこから製造経費を引いたものが差引収益となる。

営業部門では、実際に想定販売価格で出荷できた場合、売上高3000万円と売上原価1600万円が計上され、そこから販促費用などの営業経費を除いたものが差引収益となる（図表4―6）。

図表4－6　在庫販売方式

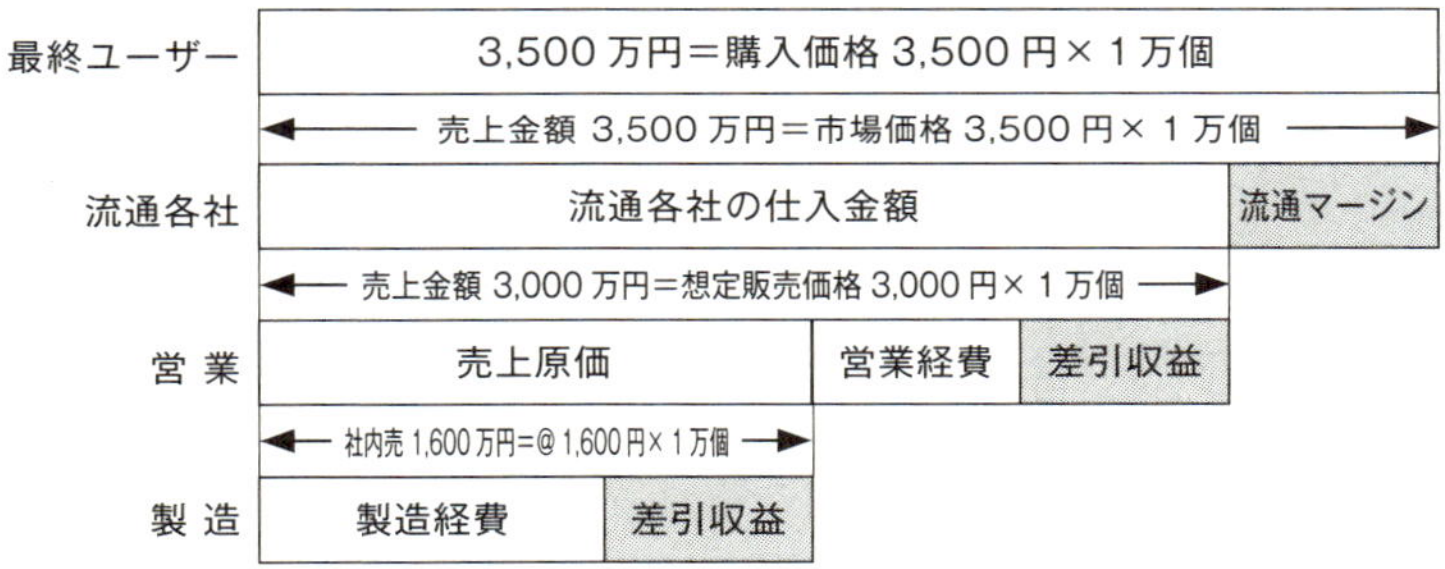

製造部門の時間当り採算表　（円）

	科 目	実 績	算出式
①	総出荷	16,000,000	②＋③
②	社外出荷	0	＝売上
③	社内売	16,000,000	
④	社内買	0	
⑤	総生産	16,000,000	①－④
⑥	控除額	11,000,000	a～z の計
	a 原材料費 …… …… y 営業口銭 z 本社経費		
⑦	差引収益	5,000,000	⑤－⑥
⑧	総時間（時間）	1,000	
⑨	時間当り	5,000	⑦÷⑧

営業部門の時間当り採算表　（円）

	科 目		実 績	算出式
①	受注		30,000,000	
②	総売上高		30,000,000	③＋⑥
③	受注生産	売上高	0	
④		受取口銭	0	
⑤		収益小計	0	＝④
⑥	在庫販売	売上高	30,000,000	
⑦		売上原価	16,000,000	
⑧		収益小計	14,000,000	⑥－⑦
⑨	総収益		14,000,000	⑤＋⑧
⑩	経費合計		12,000,000	a～z の計
	a 電話通信費 …… …… z 本社経費			
⑪	差引収益		2,000,000	⑨－⑩
⑫	総時間（時間）		400	
⑬	時間当り		5,000	⑪÷⑫

なお、図表下段に示したのは、この取引をおこなった際の「時間当り採算表」である。採算表の詳細は後述する。

市場動向を反映した社内取引価格

一般的なメーカーのように営業部門と製造部門のあいだで原価仕切価格による製品の引き渡しをおこなう場合、製造部門は（過去の製造原価にもとづいた）標準原価をあらかじめ設定し、それをもとにして生産をおこなう。そのため、コストしか管理できず、採算を意識しない。また、市場の動きが伝わることもないため、市場価格の予想外の変動を受けて原価目標を変えることもない。

一方、アメーバ経営の在庫販売方式では、製造に要する原価を積み上げた原価仕切価格ではなく、市場価格をもとに営業部門と製造部門のあいだで決めた社内売買価格が製造出し値となる。つまり、「市場動向や販売予測をもとにして営業部門が製造部門に発注する」というかたちで受発注管理がなされる。営業部門が生産指示を出し、その指示にもとづいて製造部門が生産するのである。

これにより製造部門は、原価のみを追うコストセンターではなくプロフィットセンターとなる。原価とともに、製造出し値で計算される社内売を収入としてとらえることで、自らの採算を向上させる取り組みをおこなうことができる。

たとえば、市場価格が下がったため、営業・製造間の交渉を通じて製造出し値（社内販売価格）も引き下げられたとする。その場合、製造部門の各アメーバには、さらにコストダウンをおこない、採算の改善に取り組むことが求められる。

また、製造部門の活動実績は「生産数量と単価の積」として把握できるので、現場でも日々タイムリーに収入を実感することができる。各アメーバの社員は自分たちの活動の成果（収入）を金額で実感することで、採算を向上させるためのアクションを迅速に取るようになる。

在庫管理は営業の責任

在庫販売方式の重要なポイントのひとつに、会社資産の健全性を保つべく、いかにして在庫を最小限に抑えるかということがある。

製造部門にとっては商品を生産すれば生産実績を増やせるため、短期的な採算だけを考えてひたすら生産し、気づいたときには売れない在庫の山を築いている危険性がある。こうした事態を防ぐためにアメーバ経営では、営業部門が発注して製造部門が生産を完了し、営業部門に引き渡された在庫は、営業部門が責任を負うことにしている。

前述した受注生産方式では、受注した金額で利益を創出する努力を重ねる必要があるため、製造部門が利益に対する責任を負うかたちをとるが、在庫販売方式では、市場価格と販売予測数量を見込んで製造部門に発注する営業部門も責任を負う。

そのため、営業部門は在庫を最小限に抑えるべく市場動向を的確に分析し、できるだけ正確な販売数量および市場価格を予測し、必要な数量のみを適正な価格で製造部門へ社内発注する。販売数量や市場価格の予測に狂いが生じ、在庫の廃棄処理や評価減をしなければならなくなった場合は、営業部門がその損金を負担する。

また、時間当り採算表では、在庫に対する社内金利を市中金利より高めに設定して、営業部門の経費として徴収している。在庫に対する営業部門の責任や負担をより明確にするためである。営業部門が責任を持って在庫を管理することで会社の在庫を最小限の規模に保ちながら、売上を伸ばしていくことができるのである。

営業経費を肥大化させない

お客様に直接商品を販売する受注生産方式では営業経費が少なくて済むため、「営業口銭率」を低めに設定することができる。

これに対し、在庫販売方式では販売店などの流通チャネルを通して商品を販売するため、在庫リスクが高く、広告や宣伝も必要となる。さらには、販売店や代理店などに販促費も出さなければならないので、受注生産方式と比較して多額の営業経費が発生する。

このため、在庫販売方式では、想定販売価格と製造出し値の差である粗利率を高めに設定することが多い。

とはいえ、高めに設定すると、営業部門では少々経費を多めに使ってもそれなりの利益があがるということが起こり、接待などに経費を浪費してしまうこともあるので注意する必要がある。

在庫販売方式の営業活動では、経費の肥大化を招かないよう常に「経費最小」を意識し、一切の無駄を省く努力を怠ってはならない。

③社内売買

社内売買とは、製造部門内のアメーバ間におけるモノの受け渡しを「売買」として扱い、各アメーバの収入をとらえる仕組みである。

社内売買の仕組みをつくることで、中間工程のアメーバであっても、必要なモノを他のアメーバから購入して別のアメーバに販売するという「取引」が可能となり、ひとつの独立した企業のように経営活動をおこなうことができるようになる。こうした運用には負担がかかるが、小さな組織単位で採算管理をおこない、全員参加経営を実現するためには欠かせない仕組みである。

受注金額1000万円、A製造がB製造に250万円の社内売買を依頼した場合を見てみよう。営業口銭率は10%とする（図表4―7）。

A製造の収入は生産金額（社外出荷額）1000万円で、そこからB製造への社内買250万円を差し引くと総生産は750万円となる。さらに自部門の製造経費、営業口銭を差し引いた金額がA製造の収益（差引収益）となる。

B製造の収入はA製造への社内売250万円で、そこから自部門の製造費用を差し引いた金額がB製造の収益となる。

図表4－7　社内売買

（単位：万円）

	A 製造	B 製造	製造部門合計
①社外出荷	1,000		1,000
②社内売		250	250
③社内買	250		250
総生産（①＋②－③）	750	250	1,000

また、営業部門の収入は営業口銭100万円で、そこから営業経費を差し引いた金額が収益となる。

アメーバ間の値決め

社内売買価格は、どのようにして決まるのだろうか。

それは、アメーバのリーダー同士の交渉で決まる。値決めのルールを決めるのではなく、リーダー同士が互いに経営者のごとく値決め交渉をおこなうのが理想である。

ただし、ひとつの案件に複数のアメーバがかかわる場合や顧客の値引き要求の幅が大きい場合などは、その上位のリーダーも値決めにかかわり、部門間で大きく採算の差がつかないよう配慮する必要がある。

一方でリピートオーダーや類似品の場合は、ある程度ルールを決めておいて値決めのプロセスを簡素化しておくのもよいだろう。

このように当事者間で値決めをおこなうことが、リーダーが経営者感覚を身につける重要なプロセスのひとつとなる。また、第1章で述べたとおり、アメーバ経営はフィロソフィを実践して初めて機能する。社内売買においてもリーダーは、自分たちさえよければよいという部分最適ではなく、事業部門全体がいかにあるべきかという全体最適を考えなければならない。

④社内協力対価――社内売買の発展型

社内協力対価とは、主にサービス業など、複数の部門がかかわり合ってお客様にサービスを提供し売上を計上するビジネスにおいて各部門の収入をとらえる仕組みであり、社内売買の一形態である。

一般的にサービス業は「労働集約型ビジネス」であるため、生産性やサービス品質を向上させるには、社員のやる気や熱意を引き出す仕組みが欠かせない。

また、単独ではなく複数の部門がそれぞれの役割を果たしながら相互にかかわり合い、お客様に対してひとつのサービスを提供することもある。たとえば、医療サービスであれば、医師や看護師、薬剤師、技師などが相互にかかわり合い、関与し合うことでひとつのサービスが提供される。

さらにはモノの移動が伴わないため、いわゆる「社内売買」のようにモノの受け渡しで売買を成立させたり、各部門のサービスを提供するたびに売上を計上したりする考え方はなじまない。

そのため、社内協力対価を導入するには、提供するサービスの採算に責任を持つ「事業責任部門」を定める必要がある。お客様からいただくサービス収入（売上）は、その全額が事業責任部門の収入となる。そのうえで、事業責任部門は各部門から提供されるサービスに対して「社内協力対価」を支払う。

社内協力対価の単価は各部門のコストを積み上げて決めるのではなく、市場価格をベースに、それぞれの部門が定められた役割を果たすことで生み出される付加価値に応じて設定する。

売上と同時に社内協力対価を実績として計上すれば、それぞれの部門も収入を把握できる。こうした仕組みを取り入れることで、サービス部門でもより多くの人が採算意識を持てるようになる。採算を管理できれば、それをもとにした部門間のコミュニケーションや連携が促され、社員は自発的に生産性向上や経費削減に取り組めるようになる。

サービス業は提供するサービスが複合的であるほど、個別のサービスの収支の把握が困難になるが、社内協力対価の仕組みを導入することで個別のサービスの対価が明確になる。それによって現場の社員は、日々の自分の仕事の対価を実感し、他部門との連携方法を考えるようになる。それが社員のやりがいとなり、サービス価値の向上につながることで採算を向上させる。

収入をどう配分するか――医療サービスの場合

社内協力対価の仕組みを用いてどのように収入を配分するのか。このことを医療サービスの事例で見てみよう。

図表4―8は、整形外科が医療サービスを患者に提供し、医業収入1万点（10万円、診療報酬制度では1点が10円となる）を得た事例である。なお、整形外科が提供する医療サービスは、病棟チームや薬剤科、放射線科からの協力のうえに成り立っている。

前述したとおり、社内協力対価の仕組みを取り入れるには、事業責任部門を定める必要がある。医療機関の場合、主たる収入である診療報酬は、保険医（医師）の請求にもとづいて発生する。また、レントゲン撮影の実施や薬剤の処方、入院の決定など、採算に影響を及ぼす判断も医師がおこなう。したがって、サービス全体の採算をコントロールできる医師が所属する整形外科を事業責任部門とするのが適切である。

病棟チームと薬剤科、放射線科は、整形外科に所属する医師の指示に従ってそれぞれの医療サービスを提供する。その際の社内協力対価の単価は、厚生労働省が定める診療報酬

図表４－８　医療サービスでの院内協力対価

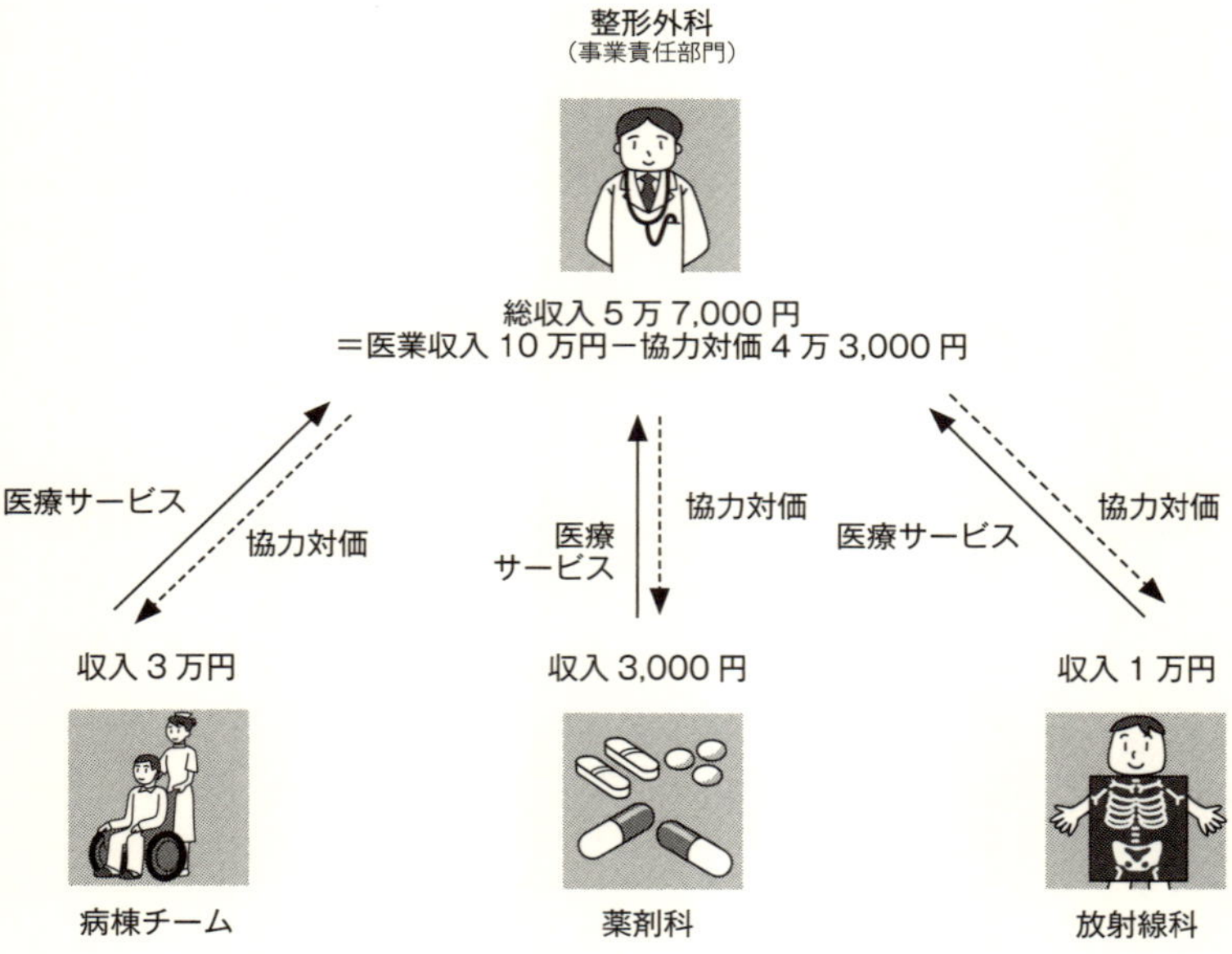

制度の点数を基準にして院内で決定しておく。そのうえで、患者に対して実際に提供した医療サービスの内容に応じてそれぞれの部門が収入を得られるようにする。

まず、診療報酬と患者負担金の全額10万円は、医師が所属している整形外科に「医業収入」として全額計上される。ただし、この10万円のなかには病棟チームや薬剤科、放射線科の協力によって得られたものが含まれるので、整形外科は各部門に対して院内協力対価を支払う。

この場合は、病棟チーム、薬剤科、放射線科がそれぞれ協力対価として3万円、3000円、1万円を受け取り、収入としている。整形外科は、医業収入10万円から対価として支払う協力費用の合計4万3000円を差し引いた5万7000円が総収入となる。また、全部門の総収入合計は医業収入10万円と一致する（図表4―9）。

こうした仕組みによって、各部門はタイムリーに収入を計上することができる。対価を実感できる職員は、やりがいを感じながらサービス品質と採算の向上に努めるようになる。

たとえば、病棟チームであれば、ベッドに空きが出ると収入が減る。そのため、事業責任部門である整形外科に要請して、入院患者をできるだけ早く受け入れようとする。これは、医療機関全体の収入増につながるだけでなく、患者にとっても迅速なサービスを受けられるというメリットとなる。

図表４－９　各部門の収入

（単位：円）

科 目	整形外科	病棟チーム	薬剤科	放射線科	病院合計
①医業収入	100,000				100,000
②院内協力対価		30,000	3,000	10,000	43,000
③院内協力費用	43,000				43,000
④総収入（①＋②－③）	57,000	30,000	3,000	10,000	100,000

また、薬剤科であれば薬剤の在庫量を圧縮する、放射線科であれば近隣の小規模な医療機関からの紹介検査を増やすといった取り組みを整形外科と連携しておこなうようになる。対価がわかることで、こうした自発的な取り組みが生まれる。

実践事例 日本航空で導入された社内協力対価

日本航空でのアメーバ経営導入でも、この社内協力対価の仕組みが用いられた。

旅客運輸サービスは複数の部門が手がけるサービスによって成り立っている。空港内には発券や手荷物預かり、搭乗口への誘導などのグランド・ハンドリングが、乗客が搭乗した後には客室乗務員による機内サービスが、パイロットによる離陸から着陸するまでの旅客サービスがある。もちろんこのほかにも、安全を担保するために機材の整備などがおこなわれている。

第3章で述べたとおり、日本航空ではアメーバ経営の導入にあたり「路線統括本部」という新組織を設立した。路線統括本部は、社内協力対価方式における「事業責任部門」である。路線ごとの採算の向上を目指す組織として運航計画を策定し、その実施に向けて運航本部や客室本部、空港本部、整備本部からの協力を得る。

また、運航本部や客室本部、空港本部、整備本部の4本部は、路線統括本部を支援する「事業支援部門」として位置づけられている。

こうして日本航空では、事業責任部門である路線統括本部と事業支援部門である4本部で収入を分け合うかたちが考案された（図表4—10）。

その主な特徴は次のとおりである。

・事業責任部門である路線統括本部には、旅客収入（旅客売上）が全額計上される。また、路線統括本部は旅客機の運航に必要なすべてのコストを負担し、その差額を収益とする

・事業支援部門である4本部は、それぞれの部門の人材や個別のサービスを路線統括本部に提供する。4本部はその対価（社内協力対価）を路線統括本部から受け取り、収入とする。社内協力対価は機材別・便別・サービス別に詳細に設定されている

こうして、事業支援部門に所属する社員は社内協力対価を受け取ることで収入を実感し、少しでも採算を向上させようと「売上最大、経費最小」に向けた取り組みに主体的にかかわるようになったのである。

図表4－10　日本航空で導入された社内協力対価

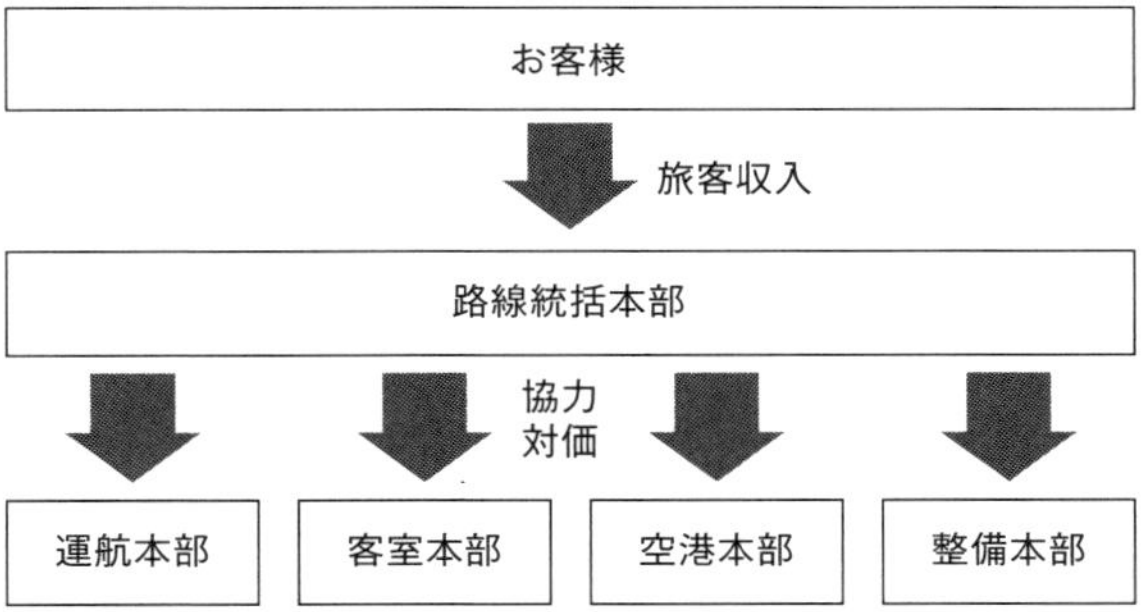

たとえば、空港本部の国内線カウンター業務では単価の高いアップグレード座席に空席があれば、発券手続きをおこなう社員が積極的に顧客にアップグレードを勧めるようになった。また、整備本部では消耗品に購入価格を示したタグをつけ、経費最小に努めるようになった。

日本航空ではアメーバ経営を導入し、社内協力対価の仕組みを用いて採算を管理できるようにしたことで全社員のモチベーションがあがり、結果として採算も向上したのである。

3 経費をとらえる

受益者負担の原則

経費とは、原材料費や外注費、電力費、減価償却費、修繕費、間接部門の経費など、それぞれのアメーバが期間内に使用したすべてのものであり、財務会計上の製造原価と販売費および一般管理費などがその対象となる。くわしくは後述するが、労務費以外の事業活動によって生じる費用はすべて計上する。

重要なことは、「確かにそれは自分たちが負担すべきものである」と皆が納得できることである。そうした意識が持てなければ採算に責任を持てず、アメーバ経営そのものに対する関心が失われてしまう。

したがって、当事者でない部門が経費を勝手に各アメーバに割り振ってはならない。経費計上においても現場の社員の心理をよく見極めて負担する部門や方法を決める必要がある。

原則は、その経費を使うことで何らかの利益を受ける部門が負担すべきである。この「受益者負担の原則」にもとづいて公平で公正なルールを設定する必要がある。

特に、受益部門が複数部門にわたる場合には注意が必要である。その場合は「経費配賦（按分処理）」をおこなうが、ひとつの施設を複数のアメーバが共同で利用しているなら、受益者負担の原則にもとづいて関係するアメーバ間で協議して負担する部門や比率を決めるのがよい。

現場の社員が把握できるようにする

「経費最小」の取り組みを実践するには、何にいくら経費がかかっているかを現場の社員が肌で感じられるようにしなければならない。どのような経費科目を設けるかは企業によって異なるが、自社の経費構造を分析したうえで現場に意識してもらうべき経費科目を示すのがよい。

製造部門であれば原材料費を種類別に細分化したり、外注費を品目別に分類したりする。公共料金も「水道光熱費」というひとつの科目にまとめるのではなく、電気料金や水道料金、ガス料金などに分ける必要がある。営業部門であれば交通費などについても細かく把握できるように設定すべきである。

特に固定費の削減においては、「変動費には削減余地があるが、固定費の削減は難しい」という固定観念を持たないよう留意すべきである。

「経費最小」の取り組みには変動費も固定費もない。固定費だからといって経費削減の対象から外すのではなく、分解して細かく管理することで削減余地がないかどうかを徹底的に追求すべきである。

部門ごとの経費の割り振りも同様である。基準を決めて総額を割り振るといった大雑把な方法ではなく、アメーバごとに電力量を測れるように計器を設置したり、家賃であれば使用面積の比率にもとづいて納得感のある計上方法を用いたりするなど、できるだけ細かく設定する。

現場の社員が経費を身近に感じ、「もったいない。もっと効率よく経費を使えないか」と考えて自主的に経費削減に取り組めるようにするには、経費科目ひとつひとつの設定にも細かな配慮が必要である。

購入即経費

現場の社員が「経費最小」に取り組むには、「自分たちがいくら使ったか」を示す経費情報がリアルタイムで現場にフィードバックされる必要がある。それがわかれば月次目標内に経費を収めようという意識や意欲も生まれる。

一般的な企業では、経費処理がなされるのは通常1カ月に1回程度ではないだろうか。これでは「経費最小」の取り組みは生まれない。日々タイムリーに経費処理をおこない、現場に経費情報をフィードバックすることが肝要である。そうすれば月次の集計スピードも格段に速くなる。

したがって経費は、本章の冒頭で紹介した「稲盛会計学　7つの会計原則」のうちのひとつ「キャッシュベース経営の原則」にもとづいて処理する。その考え方の基本となるのが「購入即経費」である。

たとえば、原材料を購入した場合、一般的な企業ではすぐに経費とせず、いったん在庫として計上し、それを使うときに経費計上しているのではないだろうか。これに対しアメーバ経営では、購入時点で即座に経費計上する。「購入即経費」の考え方にもとづき、必要なものを必要なときに必要な量だけ購入する「当座買い」が徹底されることでキャッシュフローが向上し、筋肉質経営の実現につながる。

一般的な財務諸表作成における原価計算は複雑な計算をおこない算出に時間がかかるため、現場の社員にとってはわかりくいものである。しかし、「購入即経費」にもとづいて購入した材料や部品を購入価格ですぐに経費計上すれば、「この材料は大事に使おう」「無駄をなくして、できるだけ買わないようにしよう」といった意識を現場の社員が持つことができる。

また、前述したようにアメーバ経営では、製品在庫に対して市中金利よりもやや高めの社内金利を設定している。同様に固定資産や売掛金、手形残高に対しても社内金利をかけて、保有部門に経費として計上している。安易な投資を抑制し、早期の売掛金回収や在庫削減を促すことで「筋肉質経営」の実現を目指すためである。

非採算部門の経費をどう配賦するか

非採算部門の経費はどのようにして計上するのか。

組織には「採算部門」と「非採算部門」があることはすでに述べた。非採算部門の経費は採算部門が負担する。その総額は「部内共通費」などで一括配賦され、非採算部門の経費合計はゼロとなる。

採算部門にとっては非採算部門からの配賦経費も、他の経費と同様「経費最小」の対象となる。そのため、採算部門が非採算部門に対して経費削減を要請することで、非採算部門にも「経費最小」の取り組みが促される。

では、どういった基準で配賦されるのか。基本的には「受益者負担の原則」にもとづいて、それぞれの採算部門が受益に対する経費として妥当だと感じられる比率を用いる。具体的には人数比などである。

また、会社が成長して多くの拠点ができると、本社には全社を統括するための間接部門が生まれる。この場合は本社間接部門の経費をそれぞれの拠点に配賦するのではなく、後述する「時間」に対して一定の単価（時間単価）で徴収するのがよい。そうすることで採算部門では時間を削減しようとする意識が高まる。

なお、賦課する時間単価は、徴収する総額が本社間接部門で発生する年間経費を若干上回るようなかたちで設定するとよい。もちろん、本社間接部門にも「経費最小」の努力が求められる。

E社での経費計上

アメーバ経営導入後、「購入即経費」の考え方にもとづいて「当座買いの原則」が徹底されたE社の事例を紹介しよう。

アメーバ経営導入以前、同社では短納期に対応するため、一定量の原材料在庫を保有し、購買部門が在庫管理をおこない、減少すれば補充するかたちで発注していた。

現場は、払い出し後の原材料はコストとして認識するが、原材料在庫はほとんど意識せず、欠品が出ないよう購買部門に要望していた。購買部門はコストダウンをはかるためにまとめ買いをおこない、欠品をなくすために常に余裕を持って原材料を手配していたが、その結果として毎期、一定の原材料在庫が廃棄処分されていた。

アメーバ経営導入後は、原材料費も入荷時点で採算表に計上するようにした。原材料を使う部品加工係は、生産計画にもとづいて適時必要な原材料を手配している。また、原材料の単価も把握し、購入数量を決めているため、今月はどのくらいの経費を使うのかを強く意識するようになった。

これにより、以前はまとめ買いをしていたが、それでは月次の採算が悪化するため、現在では「当座買いの原則」に従って必要数量を必要なときに購入するようになった。結果、原材料在庫は半減し、廃棄処分もなくなった。さらには在庫管理費も激減し、経営課題だったキャッシュ不足の解消にも貢献した。

4 時間をとらえる

生産性と採算性を高める

アメーバ経営では、経営指標のひとつとして「時間」をとらえる。これは、現場の社員が自分たちの生産性や採算性の向上の成果を把握しやすくするための指標である。「時間」の概念を持ち込むことで、社員ひとりひとりの自発的な採算向上に向けた取り組みが促される。

また、時間をとらえることはリーダーにとっても労務管理上のメリットとなる。アメーバのメンバーひとりひとりの仕事の内容を把握し、業務負荷などを調整して適正な勤務体制を構築するための指標となるからである。

時間の概念を経営に持ち込むことは、政府が進めている「働き方改革」においても大きな意味を持つだろう。時間は社員が自分で管理できるものであり、社員自身が意識することで採算の向上に寄与し、それが生産性や主体性の向上につながるからである。全員参加経営を目指すアメーバ経営において時間管理は重要である。

採算表に計上するのは、アメーバに所属するメンバーの労働時間（定時間＋残業時間）と他のアメーバからの応援時間、非採算部門から配賦された時間である。直接工数だけでなく就業時間のすべてを時間として計上する。

では、なぜアメーバ経営では「労務費」ではなく、その代わりに「時間」を管理しているのか。労務費をオープンにすると次のような問題が生じるからである。

・小さなアメーバでは個々人の給与がわかってしまう
・人事政策や賞与支給で大きく増減し、アメーバの実績を左右することもある
・労務費に目が向くと、本来果たすべき活動に意識が向きにくくなる

アメーバ経営では、さまざまな経営数字をすべて全社員にオープンにするが（ガラス張り経営の原則）、労務費については、かえって全員参加を阻害してしまう恐れがあるのである。

どうカウントするか

就業時間をカウントする際には、正社員に加えて、契約社員や準社員（パート社員）、派遣社員をどうするかについての検討が必要である。流動性の高い雇用形態である派遣社員やパート社員については「時間」ではなく「業務委託費」や「雑給」として経費計上するのが望ましい（ただし、付加価値を生み出す主体であれば、雇用形態にかかわらず時間でとらえたほうがよい）。

また、アメーバ経営では採算管理をおこなうため、時間を把握する対象期間を、収入をとらえる対象期間と同じにする。たとえば、毎月1日から末日までの実績で収入を管理しているなら、時間も同期間で集計する。

具体的には次の項目について、どのようにして時間をカウントするかというルールを定めていく。

・定時間、残業時間、遅刻・早退
・有給休暇、欠勤、休日出勤、振替出勤
・管理職の時間管理の扱い
・時間移動
・カウントする時間単位
・非採算部門の時間の配賦
・時間実績計上の対象期間

時間移動と配賦時間

アメーバのメンバーが他のアメーバの業務の「応援」をおこなったときには、その応援にかかった時間実績の振替処理をおこなう。これを「時間移動」と呼ぶ。

アメーバ経営では、時間移動のルールも定めておく必要がある。

たとえば、ある期間に繁忙期を迎えているアメーバに対し、逆に閑散期で比較的メンバーに余裕があるアメーバが人員を「応援」として出すとしよう。メンバー10名のうち9名で業務をおこなっても問題がなければ、1名が他のアメーバの「応援」をおこなう。このとき、その1名が応援をおこなった時間を、応援先のアメーバの時間として計上する。

運用上は、時間移動を承認するための伝票（時間移動伝票）を作成して、計上処理までのワークフローを定め、振替時間としてカウントする。応援元アメーバの時間をマイナスし、応援先アメーバの時間をプラスすることになる。

時間移動のルールを定めることで、組織の役割を認識しながら全体最適を考え、部門の枠を超えた応援が活発にできるようにしている。

なお、数カ月にわたる長期の応援が必要な場合は、時間移動ではなく人事異動とすべきである。また、非採算部門で発生する時間は、経費と同様、採算部門に配賦するためのルールを定めておく。

E社での時間計上と時間移動

E社における時間計上と時間移動の事例を紹介しよう。

E社では、次のように時間の計上ルールを定めた。

1 定時間、残業時間は、就業規則に則って休憩時間を除いた勤務時間を計上する。定時間は1日8時間、残業時間は分単位でカウントする

2 遅刻・早退、有給休暇、欠勤など、就業していない時間は、時間計上の対象外とする

3 管理職など残業管理対象でない社員の場合は、残業時間の実績をとらえない。その場合は、管理職手当てなどから残業時間相当分を計算し、見なし残業時間として出勤日には1日2時間の残業時間を計上する

4 契約社員とパート社員については、正社員と同様、時間計上の対象とするが、繁忙期のみの派遣社員やアルバイト社員については時間計上の対象とせず、その人件費を経費（雑給）として計上する

5 給与の締め日は20日だが、アメーバ経営では月初1日から月末最終日までを時間計上の期間とする

6 非採算部門の時間の配賦は当月1日付けの配属人員数にもとづいておこなう

E社の組立課は、大型製品の組み立てをおこなう組立1係と小型製品の組み立てをおこなう組立2係に分かれているが、多能工化が進み、何名かの社員は大型製品も小型製品も

組み立てられる。

ある月、小型製品の注文が多く入り、組立2係が繁忙となった。一方で大型製品の注文が少なかったため、組立1係は社員の稼働状況に余裕が出た。組立2係では納期に間に合わせるための人員が足りず、組立1係に応援を要請した。

3名が10日間（定時間は8時間／日）の応援をすることとなり、依頼元部門である組立2係ではプラス240時間の応援時間を、依頼先部門である組立1係ではマイナス240時間の応援時間を計上することとなった。

以前からこうした「応援」はおこなわれていたが、アメーバ経営導入以前はその実態が明確につかめないでいた。しかし、「応援時間」を把握することで、こうした部門間の連携による現場の真の生産性や採算性を数字として表すことができるようになった。

さらには、「時間移動」という概念が根づいたことで、社員たちによる自主的かつ柔軟な取り組みが生まれ、生産性が大幅に向上した。

5　時間当り採算表をつくる

家計簿のようにシンプルな採算表

全員参加経営を実現するには、会計知識のない社員でも自部門の経営状況を理解し、収支に関心を持てる採算表が必要である。「時間当り採算表」は、現場の社員が「売上最大、経費最小」を追求した結果をわかりやすく説明できる収支計算表であり、次のような特徴を持つ。

・家計簿のようにシンプルな構造
・「時間当り」という付加価値を示す指標を用いる
・全社統一のフォーマットである

「時間当り採算表」で最も重要な指標は、「時間当り」である。それは、1時間当たりの付加価値額を表す。「時間当り」は、収入から経費を引いて差引収益（付加価値）を計算し、その差引収益を社員が働いた時間で割って算出する。

「時間当り」によって、組織の大きさや売上金額の大小に関係なく、それぞれのアメーバの社員の努力によって生み出された付加価値を数値で表すことができる。まったく事業内容が異なる部門間でも等しく1時間当たりの付加価値額を表すため、それぞれのアメーバの経営効率を比較することができる。

このように「時間当り」という全社共通の経営指標を持つことで、生産性の向上を目指して主体的に社員たちが競争する場面をつくり出すこともできる。ひとりひとりの社員が経営数字に興味を持つことで全員参加経営の実現につながっていく。

時間当り採算表フォーマット

「時間当り採算表」には、製造部門用と営業・管理部門用の2種類がある。製造部門用の「時間当り採算表」には製造原価にかかわる科目が、営業・管理部門用の「時間当り採算表」には販売費および一般管理費にかかわる科目が多いためである。

製造部門の「時間当り採算表」の収入欄には以下の項目がある（図表4―11）。

図表4－11　製造部門の時間当り採算表

（円）

	科目	説明	実績
A	総出荷（B＋C）	アメーバが生産した金額の合計 （社外出荷＋社内売）	75,000,000
B	社外出荷	社外の客先向けの製品出荷金額 （＝売上）	60,000,000
C	社内売	他アメーバに出荷した生産金額	15,000,000
D	社内買	他アメーバから購入した金額	12,000,000
E	総生産（A－D）	他アメーバの付加価値（社内買）を 差し引いた実質生産金額	63,000,000
F	経費合計 （①＋②＋…＋⑩）	経営をおこなうために要した費用の合計	54,000,000
	①原材料費		16,400,000
	②金具・仕入商品費		18,000,000
	③外注加工費		9,000,000
	④修繕費		1,500,000
	⑤電力費		200,000
	……		……
	……		……
	⑥金利償却費		800,000
	⑦内部諸経費	単一科目に移動できない複合経費の振り替え	500,000
	⑧部内共通費	間接部門の経費の振り替え	600,000
	⑨営業経費	営業部門の受注獲得に対して支払う手数料	6,000,000
	⑩本社経費	本社間接部門経費の負担金額	1,000,000
G	差引収益（E－F）	総生産から人件費以外の経費を差し引いた収益	9,000,000
H	総時間（時間） （⑪＋⑫＋⑬＋⑭）	経営をおこなうために要した時間の合計	1,800
	⑪定時間		1,500
	⑫残業時間		200
	⑬振替時間	アメーバ間での振替時間	60
	⑭共通時間	間接部門の振替時間	40
I	当月時間当り（G÷H）	アメーバの１時間当りの付加価値 （差引収益÷総時間）	5,000
J	時間当り生産高（E÷H）	１時間当りの総生産金額 （総生産÷総時間）	35,000
K	人員（人）	メンバーの月初在籍人員	10

・総出荷　出荷金額の合計。「社外出荷」と「社内売」を足し合わせたもの
・社外出荷　社外向けの出荷金額
・社内売　社内売買の出荷金額
・社内買　社内売買の購入金額
・総生産　「総出荷」から「社内買」を差し引いた実質生産金額

営業・管理部門の「時間当り採算表」では、受注生産方式については「売上高」「受取口銭」「収益小計」を、在庫販売方式については「売上高」「売上原価（製造部門からの社内買）」とその差額の「収益小計」を表示する（図表4―12）。収入を示す「総収益」は、受注生産の「収益小計」と在庫販売の「収益小計」の合計である。

付加価値を示す「差引収益」は「総収益」から「経費合計」を引いて計算される。「差引収益」を「総時間」で割ったものが「当月時間当り」である。

図表4－12　営業・管理部門の時間当り採算表

（円）

	科目		説明	実績
A	受　注		客先から受けた注文金額	70,000,000
B	総売上高（a＋d）		社外の客先に納入または提供した販売額	60,000,000
	受注生産	a 売上高	受注生産方式における売上高	40,000,000
		b 受取口銭	（＝売上高×口銭率）	4,000,000
		c 収益小計（＝b）	（＝受取口銭＝売上高×口銭率）	4,000,000
	在庫販売	d 売上高	在庫販売方式における売上高	20,000,000
		e 売上原価	製造からの社内買	18,000,000
		f 収益小計（＝d－e）	（＝売上高－売上原価）	2,000,000
C	総収益（＝c＋f）		受注生産と在庫販売の収益小計の合計	6,000,000
D	経費合計（①＋②＋…＋⑫）		経営をおこなうために要した費用の合計	2,500,000
	①電話通信費			50,000
	②旅費交通費			150,000
	③荷造運賃費			200,000
	④販売手数料			550,000
	⑤販促費			300,000
	⑥広告宣伝費			200,000
	⑦接待交際費			200,000
	……			……
	……			……
	⑧社内金利			150,000
	⑨賃借料			100,000
	⑩内部諸経費		単一科目に移動できない複合経費の振り替え	200,000
	⑪部内共通費		間接部門の経費の振り替え	100,000
	⑫本社経費		本社間接部門経費の負担金額	300,000
E	差引収益（C－D）		総収益から人件費以外の経費を差し引いた収益	3,500,000
F	総時間（時間）（⑬＋⑭＋⑮＋⑯）		経営をおこなうために要した時間の合計	700
	⑬定時間			600
	⑭残業時間			60
	⑮振替時間		アメーバ間での振替時間	25
	⑯共通時間		間接部門との振替時間	15
G	当月時間当り（E÷F）		アメーバの１時間当りの付加価値	5,000
H	１人当り売上高（B÷I）		１人当りの売上金額（総売上高÷人員）	20,000,000
I	人員（人）		メンバーの月初在籍人員	3

6 実績管理と残高管理

アメーバ経営では、将来の実績につながる有り高、すなわち「残高」を正確かつリアルタイムに管理している。残高は会社全体の経営を安定させるための先行指標であり、現場の社員たちが「売上最大、経費最小」に向けた取り組みをよりおこないやすくするために欠かせないものだからである。

たとえば、収入では「受注実績の有り高（受注残）」が生産実績や売上実績、入金実績（キャッシュの流入）の先行指標となる。また、経費では「発注実績の有り高（発注残）」が経費実績や支払い実績（キャッシュの流出）の先行指標となる。

残高とは、ビジネスの流れのなかで実績計上に伴って発生するものである。販売であれば受注実績に伴って「受注残」が、生産であれば生産実績に伴って「在庫」が発生する。経営数字を正確にとらえるには、実績だけでなく、常に実績と残高を一対一の関係で管理することが重要である。

一般的な財務管理では、実績と残高が一対一の関係でとらえられることはほとんどない。在庫管理や売掛金管理の方法はあるが、実績との関係をとらえたり、経営の先行指標として活用されたりすることは少ない。

実績と残高に着目するのはアメーバ経営の特徴のひとつである。以下では、受注生産方式、在庫販売方式、社内売買、購買のそれぞれについて、その具体的な仕組みを説明する。

受注生産方式での対応

受注生産方式での実績と残高の対応は、図表4—13のとおりである。

まず、営業部門が客先からの引き合いや見積り提示を経て受注すると「受注実績」が計上され、残高として「製造受注残」と「営業受注残」が生じる。

次に、製造部門が材料を手配して生産をおこない、完成品を経営管理部門に持ち込むと「生産実績」が計上され、「製造受注残」がマイナスに、「製品在庫」がプラスになる。

完成品が出荷されると「売上実績」が計上され、「営業受注残」と「製品在庫」がマイナスに、「売掛残」がプラスになる。

その後、請求をおこない、入金がなされると「入金実績」が計上され、「売掛残」がマイナスになる。その際、手形での入金であれば「手形残」がプラスとなり、最終的に手形決済期日に現金化されると取引のすべてが終了する。

図表4－13　受注生産方式の実績残高対応

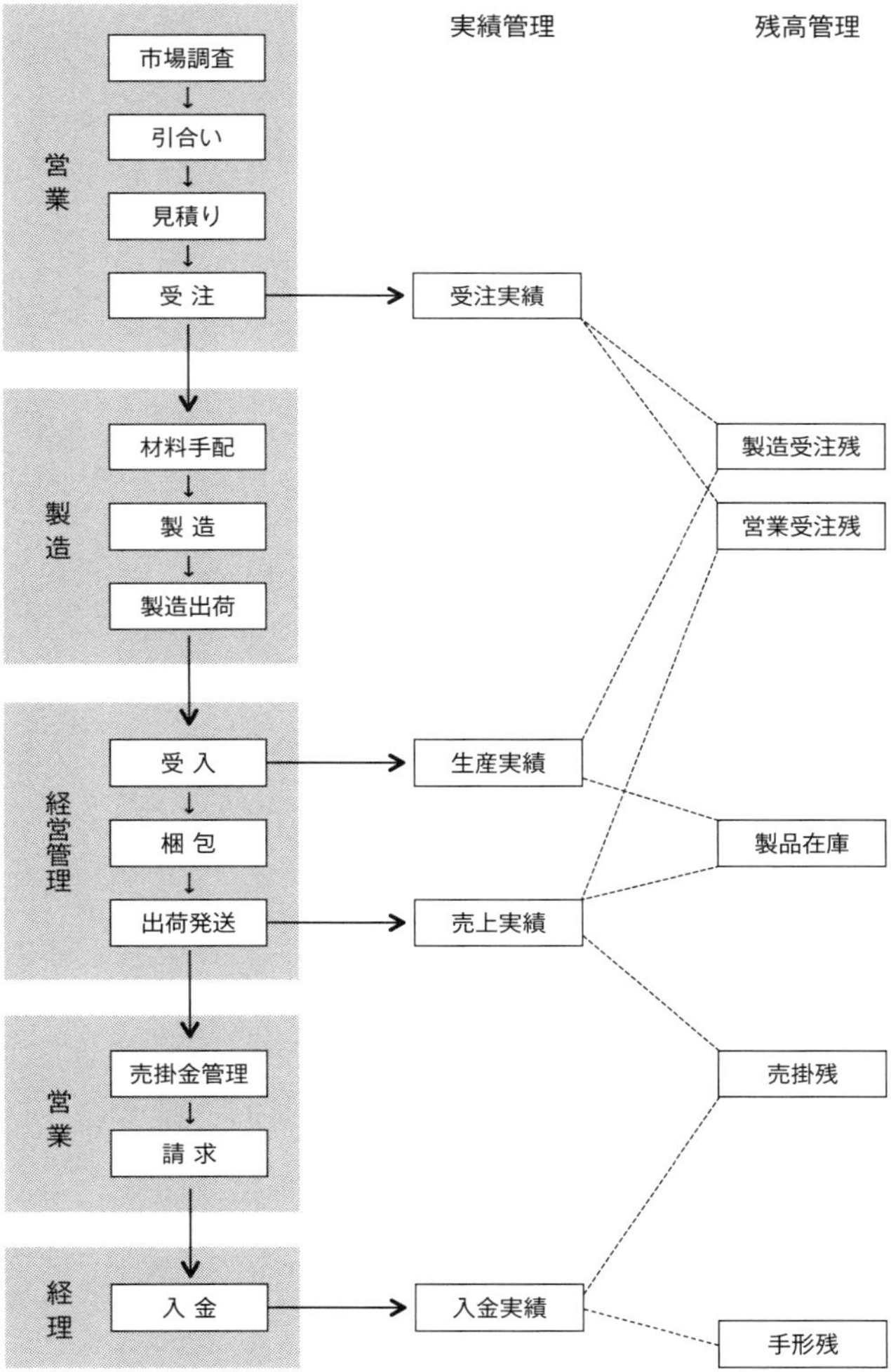

こうした厳正な実績・残高管理により、受注実績と生産実績、売上実績、入金実績はすべて等しくなる。つまり、受注実績が計上された時点で、将来得られる生産や売上、さらには入金を把握することができるのである。

営業部門は受注残高を見て将来の売上を推測する。受注残が減れば、実際に売上が減る前から手を打っておくことができる。製造部門は受注残高を見て生産計画を組み、最も効率のよいモノづくりをおこなう。これが、受注生産ビジネスにおける高収益化を支えている。

在庫販売方式での実績と残高の対応

在庫販売方式の実績と残高の対応は、図表4―14のとおりである。

まず、営業部門が市場のニーズをつかみ、製造部門を交えて製品化が決定される。営業部門が製造部門に発注し、経営管理部門がそれを受け付けると「社内発注実績」が計上され、残高として「営業発注残」と「製造受注残」が生じる。

次に、製造部門が生産をおこない、完成品を経営管理部門に引き渡すと「生産実績」が計上され、「営業発注残」と「製造受注残」がマイナスに、「商品在庫」がプラスになる。

図表4－14　在庫販売方式の実績残高対応

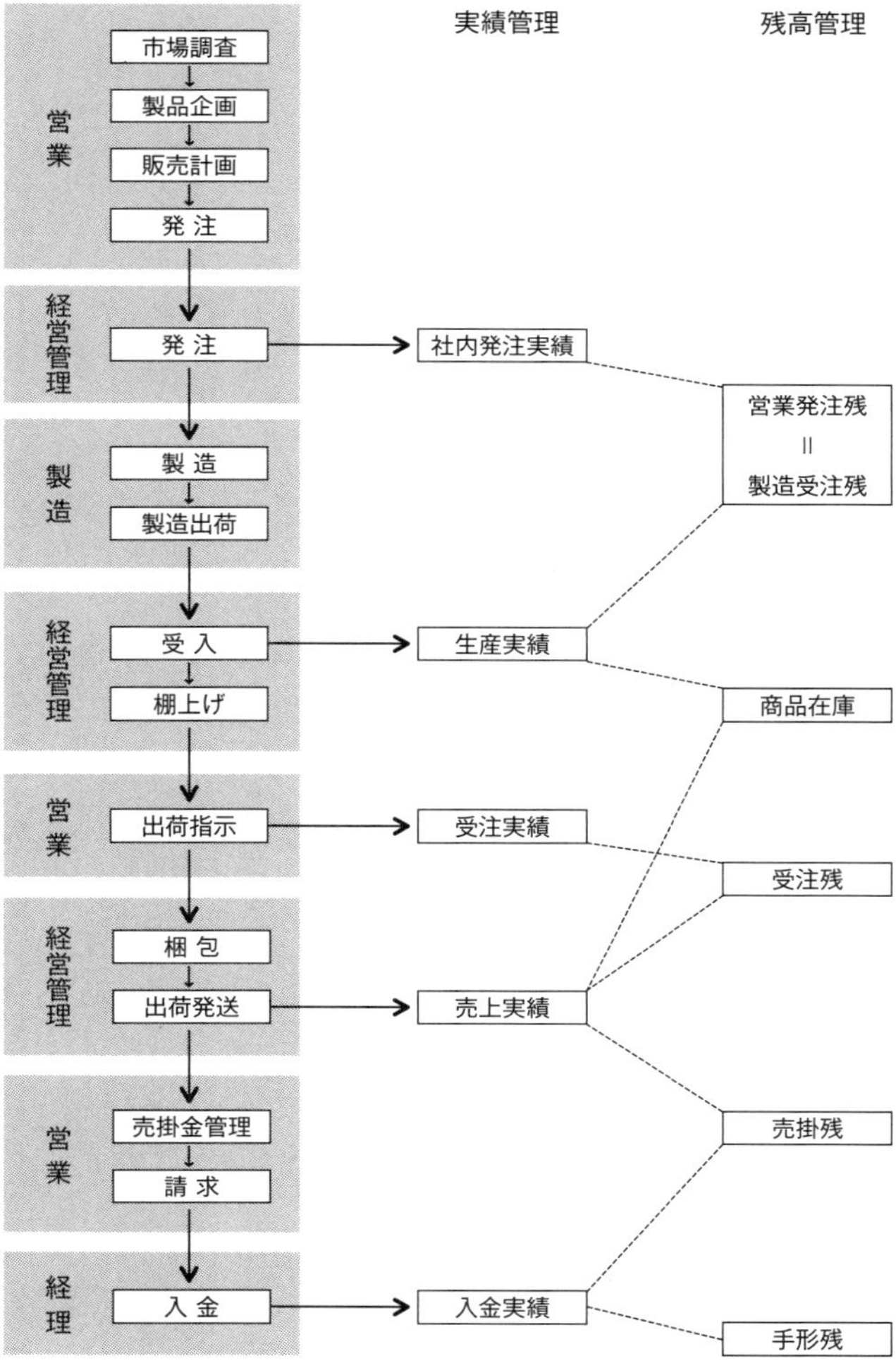

営業部門が受注し、出荷指示をおこなうと「受注実績」が計上され、「受注残」がプラスになる。

経営管理部門から完成品が出荷されると「売上実績」が計上され、「商品在庫」と「受注残」がマイナスに、「売掛残」がプラスになる。

ここから先は受注生産方式と同じ流れである。

社内売買での対応

社内売買の実績と残高の対応は、図表4―15のとおりである。

他のアメーバより部材を購入するアメーバ（依頼元部門）は、その部材を生産しているアメーバ（依頼先部門）と価格や納期、仕様などについて交渉する。発注内容が決定して経営管理部門が発注処理をおこなうと「発注実績」と「受注実績」が計上され、「発注残」と「受注残」が生じる。

依頼先部門であるアメーバが生産をおこない、完成した部材を経営管理部門に引き渡すと「購入実績」と「生産実績」が計上され、「発注残」と「受注残」がマイナスとなり、取引が完了する。

図表4－15　社内売買の実績残高対応

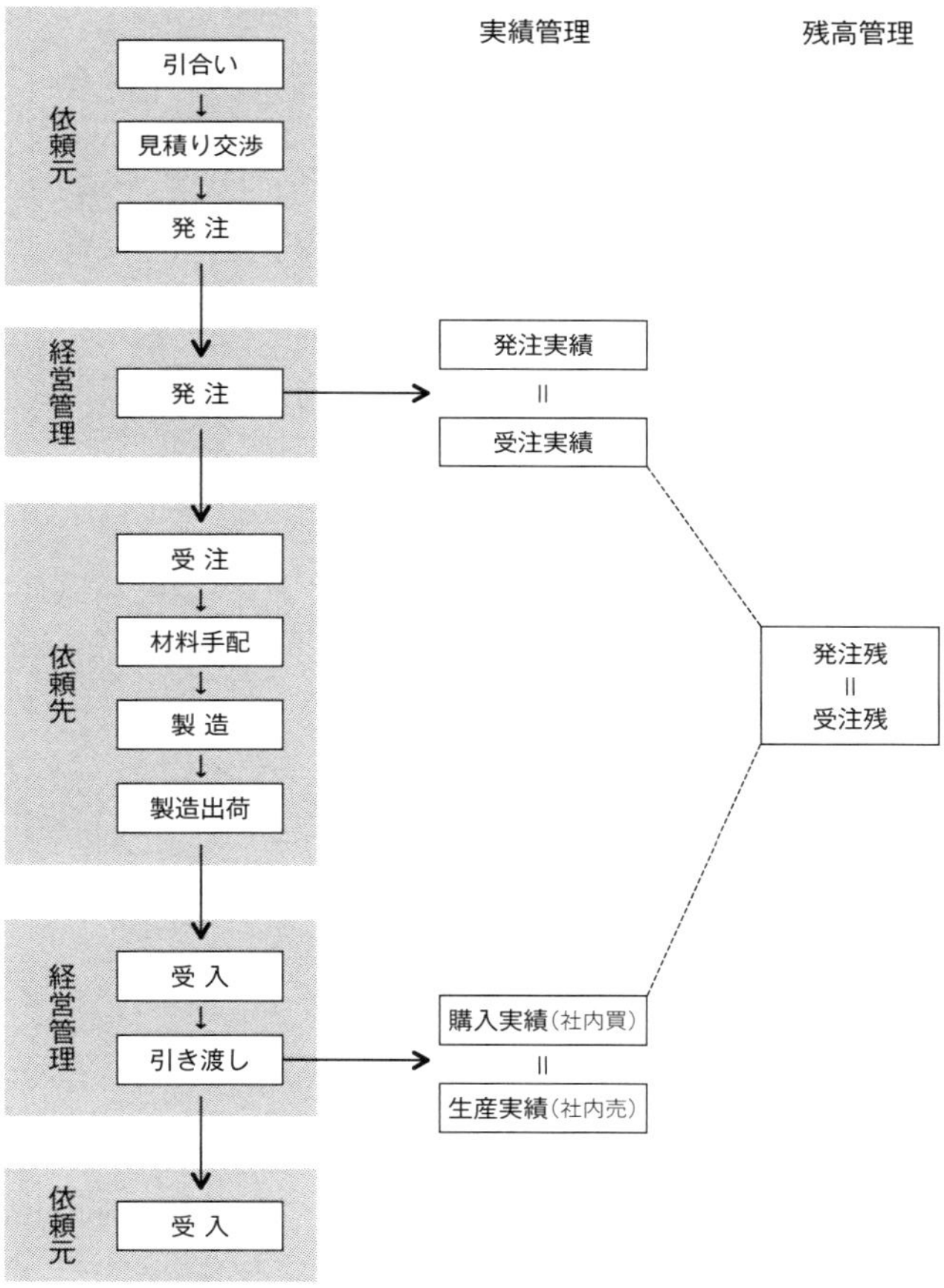

購買フローでの対応

アメーバ経営では「購入即経費」を実現するための「購買フロー」が確立されており、購買フローでも図表4―16のとおり実績と残高の管理がなされている。

要求元部門であるアメーバが資材購買部門に購入を依頼し、資材購買部門が発注をおこなうと「発注実績」が計上され、残高として「発注残」が生じる。

物品が納品され、経営管理部門がそれを受け取ると「入荷実績」が計上され、「発注残」がマイナスに、「未検収」がプラスになる。

要求元部門のアメーバがその物品の仕様などを検収すると「検収実績」が計上され（ここで経費として認識される）、「未検収」がマイナスに、「買掛残」がプラスになる。

その後、経理部門が支払い処理をおこなうと「支払実績」が計上され、「買掛残」がマイナスになり、取引のすべてが終了する。

図表4－16　購買フローの実績残高対応

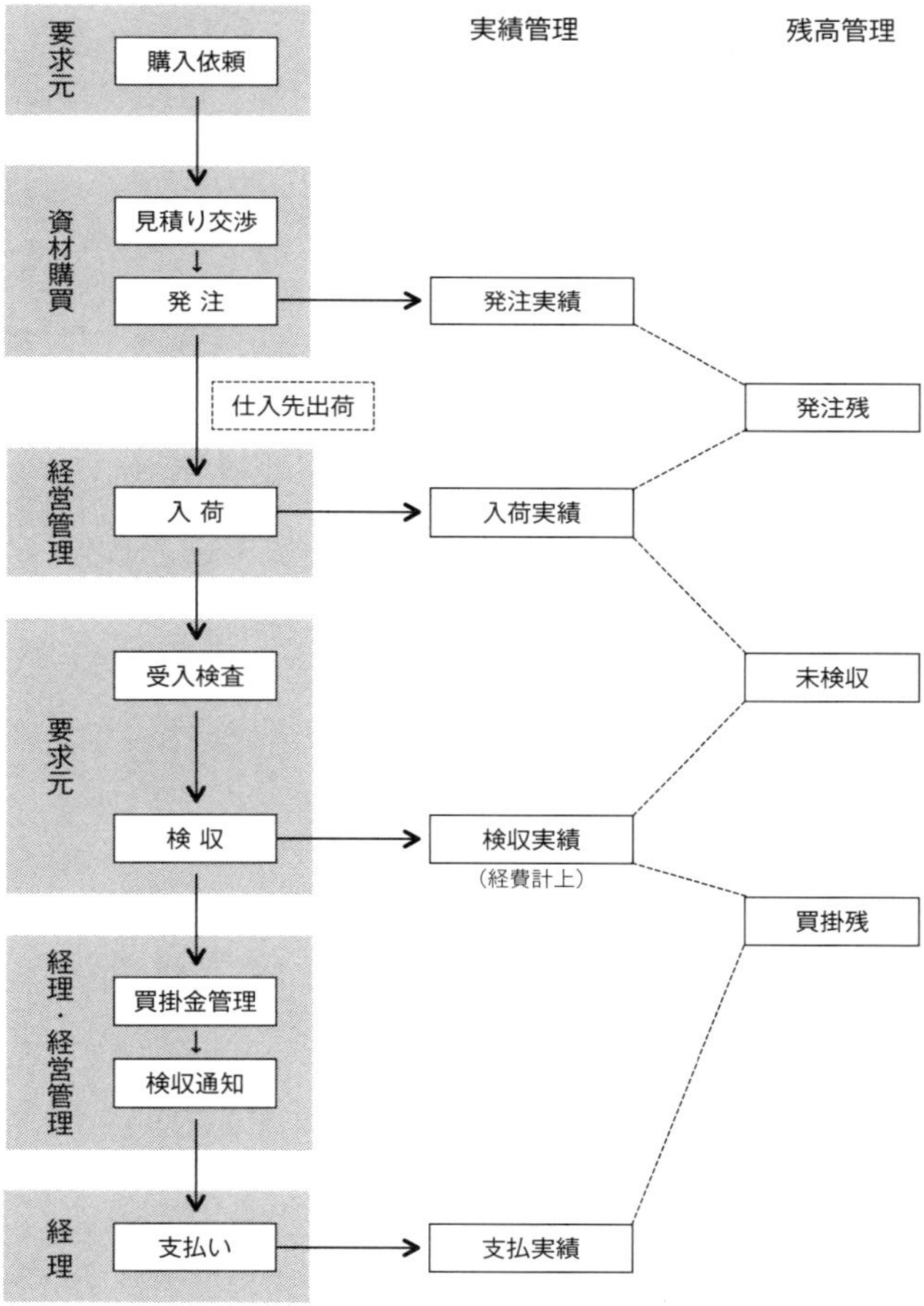

7 情報システムの活用

数字は、採算管理に活用されてこそ意味を持つ。正確な経営数字をタイムリーに認識するためにも、情報システムの活用は欠かせないテーマのひとつである。

ほとんどの企業で経理システムや販売管理システムなど複数の情報システムが導入されており、アメーバ経営の導入にあたっては、どれをどう活用すれば「時間当り採算表」に記載する各項目のデータが取れるかを検証する必要がある。

収入に関するデータであれば販売管理システムや生産管理システムが、経費に関するデータであれば経理システムや購買システムが、時間に関するデータであれば就業管理システムなどが活用できるだろう。

さらには、それぞれのシステムでのデータ入力のタイミングや集計に要する時間なども確認する必要がある。

正確な経営数字をスピーディーにとらえることこそが最重要だという観点から、場合によっては新たな情報システムの活用を検討する必要もあるだろう。

アメーバ経営の採算管理の仕組みは、会計の本質を追究した精緻なものであり、適用する対象は全社・全部門にわたる。アメーバ経営のルール構築と運用には相応のコストと時間が伴うが、アメーバ経営が目指す「全員参加経営」がもたらす効果は、こうした管理コストを上回ってあまりあるものである。

第5章

全社員が自らの意志で採算をつくる

1 従業員をやる気にさせる7つのカギ——経営者の役割

経営トップが抱く熱意が不可欠

細分化した組織の収入や経費、時間をとらえるためのルールを構築し、各アメーバの実績を「時間当り採算表」で読み取れるようになれば、全員参加で経営するという実践のステップに進む。

ただし、単にルールを構築し、仕組みを取り入れただけではアメーバ経営は機能しない。第1章と第2章で述べたように、経営者が経営の目的や自らの価値観を「哲学」と呼べるほどの高い次元で確立し、それを社員と共有できなければ、組織の力を最大限に発揮させるどころか社員をまとめることさえできない。

さらには、何としても経営を成功させるのだという「熱意」も不可欠である。経営者はもちろん、各アメーバのリーダーは、「社長の分身」といえるほどの情熱で経営をおこなう必要がある。第1章で示した「人生・仕事の結果の方程式」のとおり、正しい考え方を持ち、強い情熱で人生や仕事に臨まなければ、能力があったとしても成功できないからである。

経営を伸ばせるかどうかはトップの熱意と考え方にかかっている。創業期の零細企業であれば経営者の情熱で組織を牽引できるが、そこから中小企業へと成長していくと、社員たちの心をまとめるために「哲学」が必要となる。

このことは、独立採算組織のアメーバでもまったく同じである。各アメーバのリーダーは熱意を持って努力を重ね、部下に正しい考え方を語る。そうしてリーダーがメンバーの心をつかむ。これが全員参加経営の起点となる。

京セラでも稲盛は創業時から、社員が心から納得できる経営理念を掲げ、社員をパートナーとして受け入れ、家族のような信頼関係を築こうと努めてきた。社員ひとりひとりに対して哲学（後の「京セラフィロソフィ」）を伝え、自らもそれを実践してきた。さらには、燃えるような情熱で経営に打ち込み、困難と思える目標も次々に実現してきた。その結果、経営トップの求心力がさらに高まっていった。

経営者だけでなく、すべてのアメーバのリーダーがこうしたリーダーシップを発揮することが、アメーバ経営を実践するための前提となる。

本章では、まず、経営トップやリーダーに求められる考え方として稲盛が示している経営の原点「従業員をやる気にさせる7つのカギ」を紹介する。そのうえで、各アメーバのリーダーが経営トップの分身として、部下であるメンバーひとりひとりを経営に参加させていくための具体的な取り組みを説明する。

ひとりひとりのやる気を引き出す

会社を成長発展させていくうえで重要なことは、従業員が経営者と同じ考え方と熱意を持ち一生懸命に働いてくれるということである。経営者ひとりがいくら頑張っても成果は知れている。全従業員が経営に参加したいと思えるよう、ひとりひとりのやる気を引き出していくことが、経営の原点である。稲盛はこのことを「従業員をやる気にさせる7つのカギ」として次のようにまとめている。

1 従業員をパートナーとして迎え入れる

事業を拡大するために従業員を雇い入れた経営者がまず考えるべきことは、ともに働いてくれる社員とどのような関係を築くかである。

一緒に会社の成長を目指して頑張ってもらおうとするなら、単に契約にもとづいて労働力を提供してもらうというドライな関係であってはならない。経営者と一心同体となって仕事をしてくれる「パートナー」、つまり、ともに経営の責任を負う共同経営者として迎え入れることが重要である。

そのためには、「私はあなたを頼りにしている」と真正面から伝えなければならない。そのうえで「私はこういう会社をつくっていきたい」と、経営者としての考えを伝えていくのである。これが社内の人間関係を構築する第一歩である。

「頼りにしている」という思いと、パートナーとして迎え入れるという姿勢があればこそ、従業員も「この社長ならついていきたい」と思うようになる。

2 従業員に心底惚れてもらう

従業員をパートナーとして迎え入れた後、経営者は従業員から心底惚れてもらわなければならない。「ずっとこの人についていこう」と思われることが重要である。

そのために経営者は、自分のことは横に置いて従業員のことを最優先に考えなければならない。皆をいたわってあげようという思いやりの心を持ち、さらには従業員の誰よりも懸命に努力して自己犠牲を払ってでも仕事に打ち込んでこそ、皆が惚れ込んでくれるのである。

真剣に経営に打ち込む経営者にとって、頼りにしていた従業員に辞められることほど寂しく切ないことはない。そうした思いをしないで済むようにするためにも、経営者は従業員と心と心で結ばれた人間関係をつくり、全員を幸せにしていけるよう努めるべきである。

3　仕事の意義を説く

以上のように従業員の心情に訴えると同時に、経営者は「仕事の意義」を説き、理性の面からもモチベーションを高めなければならない。

毎日の仕事は単調で苦労を伴うことが多いため、現場の従業員は単なる「作業」と感じてしまい、つい毎月の給料さえもらえばよいと思うものである。そうした従業員たちに仕事の意義を説き、気持ちを高めていくことが求められる。

創業当時の京セラは、原料の粉末が現場を舞い、高温の炉で室温もあがる過酷な労働環境だった。ほとんどの従業員はそんな職場で原料をこねたり焼いたりする仕事を単調でつまらなく、それほど価値のある仕事ではないと考えていたが、稲盛は仕事の意義を説いていった。

「いま取り組んでいるテーマは、大学の研究者も手を出していない、世界中でも1、2社しか取り組んでいない最先端の研究開発です。これを成功させて人々の暮らしに貢献できるかどうかは皆さんにかかっています」

従業員の仕事に対する意欲を何とかして高めていこうと、機会を見つけては仕事の意義を説いていったのである。

4　ビジョンを高く掲げる

経営者が大きな夢、つまりビジョンを掲げることも重要である。

経営者を含む全従業員が共通の夢や願望を持っているかどうかで、企業の成長力は変わる。すばらしいビジョンを共有し、「こうありたい」と従業員が強く思えば、そこに意志の力が働き、夢の実現に向かってどんな障害をも乗り越えようという強大な力が生まれていく。

たとえば京セラでは、従業員が数十人、社屋は倉庫を間借りしたものという零細企業のときから、経営トップである稲盛が「日本一、世界一の企業になろう」という壮大な夢を語ってきた。

初めは誰もが半信半疑だったが、稲盛がくり返し夢を語ることで皆も次第に信じはじめ、実現に向けて力を合わせていくことができるようになった。やがて高い目標に挑戦し続ける集団となり、その結果、ファインセラミックス分野で先行企業を追い抜いて世界一となり、さらには多くの事業を展開する売上1兆円を超える企業へと成長したのである。

ビジョンを掲げ、それを共有することで従業員のモチベーションを高めることは、企業を発展させていくための大きな推進力となる。

5　ミッション（使命）を確立する

モチベーションを揺るぎないものにするには、会社の使命や目的、つまりミッションを確立して従業員と共有する必要がある。

さらに、そこには大義名分がなければならない。たとえば、「全従業員の物心両面の幸福を追求する」という京セラの経営理念は、経営者の私利私欲を超えた従業員のためのものであり、その大義が従業員を動かす大きな力となっている。

ミッションは、経営者だけでなく事業を任された幹部も同様に掲げるべきである。自部門の事業にどのような社会的意義があるかを示し、「こんなすばらしい意義のある事業なのだから、さらに頑張ろう」と部門の従業員たちと共有することで、一生懸命努力する企業風土がつくられていくのである。

6　フィロソフィを語り続ける

経営者は、自らが持つ「哲学（フィロソフィ）」を語り、それを社員と共有する必要がある。高邁なミッションを追求するためにどのような哲学にもとづいて経営をしていくのかを真摯に語り続けるのである。

「人は何のために生き、何のために働くのか。私は人生をこう考え、こう生きていくつもりである。皆さんと一緒に、このような生き方をしていきたいと思う」

こうした話に従業員が共感し、一緒に会社に尽くそうと考えるようになれば、その会社はすばらしい発展を遂げていく。

京セラでも稲盛が自らの哲学を従業員に説き続けてきた。それが「京セラフィロソフィ」である。こうした哲学を社員が共通の価値観として受け入れてくれるようになると、社員のモチベーションは自ずと高まり、その度合いに比例して業績も伸びていく。

7　自らの心を高める

会社は経営者の器より大きくならない。企業を発展させていくには、経営者自身が心を高める努力を怠らず、しっかりとした哲学を学び、自分の器を大きくしていく必要がある。このことを稲盛は「心を高める、経営を伸ばす」と言い、経営の要諦としている。

自らの哲学を確立できていなければ、初めは先人の哲学を参考にすればよい。何度も何度も語り続け、日々実践していこうと努めることで、借り物だった哲学もやがては自分のものになる。大事なことは経営者自身が繰り返し学ぶということである。

以上の7つのカギを徹底して実践し、従業員に共鳴、賛同してもらい、彼らをやる気にさせることがアメーバ経営を実践する前提となる。なお、これら7つの要諦については『稲盛和夫の経営問答　従業員をやる気にさせる7つのカギ』（日本経済新聞出版社）にくわしい。

2 年度計画の策定——自らの意志で採算をつくる①

目標達成におけるリーダーの役割

アメーバ経営の実践では、経営トップのみならず各アメーバのリーダーも重要な役割を果たす。小さなアメーバのリーダーであっても経営トップのような情熱を持ち、高い目標を掲げてメンバーらとともに日々採算をつくっていかなければ、全員参加経営を実現することはできない。

以下では、アメーバ経営の実践の具体策として計画立案方法や日々の採算管理のあり方を紹介するが、その際に不可欠なものとして稲盛は「目標を達成するためのリーダーの5つの役割」を示している。リーダーには、次に挙げる5つの役割を意識しながら日々の仕事に邁進していくことが求められる。

目標を達成するためのリーダーの5つの役割

1　明確な目標を立て、達成できると心から信じる
2　具体的・論理的な方法を検討し続ける
3　達成する方法を部下に示し、自信を持たせる
4　部下の意見を聞き、正しければ採用する
5　ど真剣に気を込めて日々採算をつくる

ひとつひとつを見ていこう。

1　明確な目標を立て、達成できると心から信じる

リーダーは、明確な経営目標を立て、その目標を達成できると心から信じていなければ

ならない。経営はリーダーの意志で決まる。リーダーには、集団のあるべき姿を描いて明確な目標を立てることと、その達成を一切の疑念を抱かず心から信じることが求められる。

2　具体的・論理的な方法を検討し続ける

リーダーは、自ら立てた目標を達成するための具体的で論理的な方法を検討し続けなければならない。目標は単に掲げればよいというものではない。緻密なシミュレーションを何度も繰り返し、結果があたかも実際に起きたかのように鮮明にカラーで見えてくるまで考え抜くことが必要である。

3　達成する方法を部下に示し、自信を持たせる

リーダーは、目標を達成するための方法を部下に示し、それができるという自信を部下たちに持たせなければならない。リーダーには、仕事の意義を説いて具体的な方法を示すことでエネルギーを注入し、何としても達成しようと全員に思わせることが求められる。

4　部下の意見を聞き、正しければ採用する

リーダーは、目標を達成するための方法について部下たちの意見を聞き、正しければそ

れを採用する。こうして経営参画意識を持たせるのである。

目標設定はリーダーが中心となっておこなうが、トップダウンで決めるだけでなく、策定段階から部下を巻き込み、「自分たちが立てたものだ」という意識を全員に持たせなければならない。

5　ど真剣に気を込めて日々採算をつくる

リーダーは、集団を目標達成に導くために日々採算をつくること、すなわち気を込めてど真剣に一日一日、採算を考えて実績を積み上げることに努めなければならない。採算とは、リーダーの意志と行動の結果である。リーダーには、日々損益を考えて経営にあたることが求められる。

2つの経営計画

上記の役割を果たすために各アメーバのリーダーが初めに取り組むことは、経営トップが描く夢やビジョンをもとに自部門の経営計画を立てることである。経営計画には、年度計画である「マスタープラン」と、これを達成するための1カ月単位の計画の「月次予定」

がある。

2つの経営計画

・マスタープラン（年度計画）

・月次予定（マスタープランを達成するための1カ月単位の計画）

まずは、マスタープランの策定方法を紹介する。

マスタープラン策定にあたっては、売上や生産などの収入およびそれを得るために必要な経費と時間の目標を、「時間当り採算表」のフォーマットを用いて12カ月分作成する。3月期決算の企業であれば、4月から翌年3月までの各月ごとに作成する。このマスタープラン策定のプロセスには全員参加経営を促す仕組みが組み込まれている。

トップダウンとボトムアップを調和させる

年度計画の策定では、「トップダウン方式とボトムアップ方式のどちらで進めるのがよいか」という議論がよくなされる。トップダウン方式で問題視されるのは、そこで決められた目標が現場の社員たちにとって「与えられた目標」となってしまい、彼らの参加意欲や達成意欲が高まらないことである。一般的には経営者が経理部門などのスタッフと年度計画をつくり、トップダウンでそれを目標として現場におろすことがよくある。だが、こうしたやり方では現場の社員たちが「社長や経理部門が勝手に立てたこんな高い目標はとても達成できない」と感じ、取り組む前からやる気を失ってしまう恐れがある。

一方、ボトムアップ方式で年度計画を組んでいくと、容易に達成できそうな保守的な目標しか出てこないこともある。

また、いわゆる「予算制度」を採用している製造業であれば、収入目標にあたる売上予算は営業部門がつくり、製造原価予算は原価企画部門や経営企画部門が、その他の経費予算は実際に経費を使う各部門がつくることが多い。しかし、これでは、管理部門が設定した数字を与えられるだけとなってしまい、大多数の社員が所属する製造部門は納得感や責任感を持ちにくいだろう。

また、収入と経費を対応させて利益目標を立てられるのが、経理部などの特定の部門に限定されてしまい、営業部門や製造部門などの社員には自分たちの部門の利益（採算）について考える機会がほとんど与えられなくなる。これでは、全社員が経営者意識を持って自部門をどう発展させていくかを考えることができず、ダイナミックな成長や活力ある企業風土も生まれないだろう。

これに対しアメーバ経営の「マスタープラン」では、それぞれのアメーバが自分たちの売上や経費、それにもとづく利益目標を自らの責任で策定する。

こうしたボトムアップでの現場からの積み上げを前提とし、現場の社員たちの意志を重視しながらも、経営トップはこの会社をどのようにして成長させていきたいのか、そのためには何が必要かを説いていく。つまり、経営トップは、トップダウンとボトムアップをいかにして調和させるか——現場の意志を重視しつつも、いかにして経営トップとしての自らの思いを現場の目標設定に反映させるかに心を砕くのである。

こうして策定した各アメーバの売上目標と利益目標を合算したものが、全社的な売上目標と利益目標となる。これによって、「自分は会社の売上や利益にこれだけ貢献しているのだ」と社員たちが実感でき、使命感と責任感を持って計画の遂行に取り組めるようになるのである。

「ぜひ達成したい」という目標を立てる

経営トップの思いを現場に伝えて心から共有してもらうために、また使命感と責任感を持って目標を達成してもらうために、マスタープランの策定には十分な期間を取り、各階層での対話を繰り返していく。企業規模や経済情勢にもよるが、おおよそ3～6カ月程度かけてマスタープランを策定する。

最初におこなうのは「社長方針」の発表である。社長方針とは、売上や利益の伸び率や事業別の戦略などをまとめたものである。経済環境や市場動向の分析、さらには直近の業績(今期見通し)などを踏まえながら、経営トップが自らの「意志」や「思い」を込めて来期の方針をまとめていく。つまり、将来にわたって会社を発展させ続けたいという経営者自身の願望をもとに「1年後にはここまで事業を伸ばしたい」と考えている売上目標と利益目標を掲げるのである。

そして、社長方針をもとにして現場のアメーバが数値目標をつくる。上司や幹部と話し合いを重ねながら社長方針を反映させる、すなわち、トップの思いを「ぜひこれを達成したい」という社員の思いにすることが重要なのである。

手順としては、各アメーバが「時間当り採算表」を用いて自部門のマスタープランをまとめ、それを順次、上位の組織に提出していくかたちをとる。その過程では階層ごとに検討を繰り返し、全員が納得できるまで話し合いを重ねる。社長方針を実現するために各アメーバでどのような目標を立てるのかを決めていくのである。

最終的には経営トップと最上位組織のリーダーが各部門の目標の妥当性を検討するが、ここでも経営者が具体的な数値目標を一方的に指示することはない。一度でも指示すれば、全員が納得できる目標にはならないからである。

あくまでも各アメーバの意志を重んじ、必要があれば差し戻して再検討してもらう。そうした場に経営トップが加わり、思いを伝えることもある。こうした議論を何度も重ねることで、社長方針を浸透させながらボトムアップでマスタープランを取りまとめるのである。

人は、与えられた目標より自ら立てた目標のほうを達成したいと強く思うものである。マスタープラン策定では、社長方針をもとにボトムアップで計画するという流れを徹底する。あらゆる階層で議論を重ねることで、各アメーバリーダーに自部門の役割を認識してもらうのである。すべての当事者が「ぜひ達成したい」と思える目標を立てることが大切である。

E社でのマスタープラン策定

第3章と第4章で紹介したE社の事例でマスタープラン策定の流れを見てみよう。

家電メーカーの下請け会社であるE社は２０１２年９月にアメーバ経営を導入した。導入前の２０１２年３月期の決算では売上高１７５億円、利益率３・５％、従業員数２２５名だった。

同社の取引は大手家電メーカー１社に集中しており、売上の９割を占めていた。毎年厳しい値下げ要求を受けてきたこともあり、過去５年間で売上は伸びず、かつ恒常的な低収益体質だった。特に毎年２月と８月は出荷（売上）が落ち込み、単月赤字に陥るという構造的な問題も10年間続いていた。

E社の社長は業績の停滞に強い危機感を持ち、社内の活気のなさを懸念していた。特に課長や係長など将来を担う世代の人材が育っていないことを問題視していた。

こうした状況を打開してE社を高収益企業に生まれ変わらせるために、また社員たちに物心両面の幸福を実感してもらうために社長はアメーバ経営の導入を決断した。

導入１年目の取り組み

アメーバ経営導入にあたり、これまで社長と経理部門のみでおこなっていた年度計画の策定方法も見直すことにした。

２０１３年１月、社長は部長たちを集めた新年会の場で来期に向けての思いを伝えた。

具体的には、売上高を今期見通し比10％増の193億円、利益率を5％とし、そのためにも2月と8月の単月黒字化を目指したいとした。さらには、この方針に沿った来期のマスタープランを課長たちからのボトムアップで提出してもらいたいと話した。

部長たちは、かつてない高い目標値に唖然とし、これまでのようなトップダウンではなく課長たちに計画を出してもらうという手順に戸惑いの色を隠せなかった。

その反応を予想していた社長は、その後、部長たちと打ち合わせを重ねた。

その結果、2月と8月の単月黒字化も含めてマスタープランがまとまったが、実際には具体的なアクションプランがなく、新年度のスタート月である4月から実績が予定に届かなかった。

月を重ねるごとに課長たちのあいだでは「この目標は高すぎる」といった話が陰でなされるようになっていった。会議の席で目標に届かないことを追及すると不満そうな表情を見せるようになり、社長も強く達成を求めることができなくなっていった。

上期が終了したころには、課長はおろか部長たちもマスタープランを意識しなくなり、有形無実のものになってしまった。

導入2年目の取り組み

そこで社長は、次年度（2014年度）のマスタープラン策定にあたり、さらにその策定プロセスを改善することにした。全社員が本気で達成しようと思えるアクションプランをつくらなければ、同じ轍を踏むことになるからだ。「次こそは計画を達成するぞ」という決意を表すために社長は、再び前年度と同じ方針（売上高10%増、利益率5%、2月と8月の単月黒字化）を掲げた。

そのうえで2013年11月におこなわれた第1回目の「マスタープラン検討会議」では、営業部長が用意してきた取引先別・製品別の売上・収益分析資料をもとに、この方針を実現するための重点施策を部長たちと検討した。

長時間の議論を通じて部長たちは社長が本気であることを感じ取ったが、従来の発想から抜け出せず、方針を実現できるような具体的なアクションプランは提案されなかった。このため、部長たちがいったん課題を自部門に持ち帰り、課長とともに対策を検討して2回目の検討会議に臨むことにした。

12月初旬におこなわれた第2回目の「マスタープラン検討会議」では、それぞれの部長から出てきた案をもとに、「新たに重点を置く取引先5社への新部品の販売が有効ではないか」「原材料費削減を実現するには、海外も視野に入れて新規購買先を開拓すべきではないか」「品質改善が進みつつあり、歩留まり2％改善も可能ではないか」などの意見交換をおこなった。議論はコンパも含め夜遅くまで続いた。

翌年1月初旬におこなわれた第3回目の「マスタープラン検討会議」では、さらに熱気を帯びた議論がなされた。部長全員が社長方針を理解し、納得したうえで重点施策が決定した。

しかし、1月中旬からおこなわれた課ごとのマスタープラン策定は順調には進まなかった。たとえば、「新規取引先5社への拡販」という重点施策を示された営業2課長は、その必要性は理解するものの、自らの意志で目標を立てるという経験が乏しかったこともあり、受注目標と売上目標、それを達成するための具体的なアクションプランをなかなか立てられずにいた。

そこで、社長と部長が営業2課の検討会とコンパに参加することにした。社長は「物心両面の幸福を実現するためには営業が先頭となって会社を引っ張ってほしい」と述べた。部長が「新規取引先5社に対してどうアプローチすべきか聞かせてほしい」と意見を求めると、これをきっかけにして営業2課の課員たちのモチベーションがあがり、新規取引先5社に対する受注・売上目標とそれを達成するアクションプランがまとまりはじめた。

部品製造課長も初めは改善案を出せずにいたが、製造部長のアドバイスを受けて課員たちとの意見交換会をおこない、さまざまなアイデアを採用していった。最終的には、具体的なアクションプランが伴うかたちで歩留まり改善目標と資材購入価格の低減目標を数値として掲げ、「これなら実現できる」と思えるようになった。

こうして2014年3月初旬、課ごとのマスタープランがまとまると、それらを集計して全社的なマスタープランができあがった。それは、社長が掲げた方針に沿うものであり、ボトムアップのアクションプランを伴うものだった。

2014年4月初旬には、全社員を一堂に集めた「経営方針発表会」が初めて開催された。経営方針発表会では、社長が会社全体の目標と重点施策を、各部長がそれぞれの部の目標とマスタープラン、アクションプランを順次発表していった。

それは社員たちにとっても新鮮な場だった。これまで社長や部長たちから直接こうした話を聞く機会がなかった社員たちは熱い思いを抱いた。「何としてでもマスタープランを達成しよう」という一体感が生まれた瞬間だった。

経営トップが繰り返し方針を語り、現場の意見に耳を傾けることで、「こんな高い目標など達成できるはずがない」という社員たちの否定的な意識を取り除き、「全員でこの目標を達成するのだ」という思いを皆で共有する。こうしたコミュニケーションのプロセスこそが、マスタープラン策定に不可欠なものである。

また、マスタープラン策定後に景気変動など大きな経営環境の変化があったときには、すぐに経営トップも含めて見直しの是非を検討し、必要なら組み替えをおこなうべきである。現実味のない計画では、達成に向けて社員の力をまとめることができないからである。

3 月次の採算管理――自らの意志で採算をつくる②

アメーバ経営では、「マスタープランの達成には、毎月着実に実績を積み上げていくことが不可欠である」という考えから1カ月単位の詳細な計画立案と実行を最も重視する。そのためにおこなうのが「月次予定」の立案と実行である。

月次予定の立案と実行は、アメーバリーダーが中心となってメンバーの意見を取り入れながらおこなわれる。計画段階と実行段階のそれぞれでメンバーを巻き込んでいくのだ。

100%達成するのだという意志を込める

業績の見通しを示すものに「予想」や「予測」といった言葉がある。こうした言葉が社内の会議などで用いられたとき、そこには発表者の意志や思いがどれほど込められているだろうか。アメーバ経営での「月次予定」は、必達を約束した数字である。これは、第4章で紹介した「稲盛会計学　7つの会計原則」のうちのひとつ「完璧主義の原則」にもとづく。

たとえば、仮に達成率が99％でも「ここまでやったからよいだろう」とは考えない。むしろ「なぜ、あとわずか1％の努力ができなかったのか」と未達であることを反省する。計画の完璧な遂行を追求してこそ日々状況が変化し、突発的な問題が起きる現場でもあきらめることなく目標を達成していこうとする粘り強さを身につけることができる。

月次予定の立案は、単に「時間当り採算表」に数字を埋めていくことではない。「100％達成するのだ」というアメーバリーダーの強い意志のもと、メンバー全員の役割を定めていくものなのである。

そのうえで、アメーバリーダーには、起こりうるトラブルとその対応を想定し尽くすなど、入念なシミュレーションを繰り返しおこなうことが求められる。

ひとりひとりの取り組みまで落とし込む

月次予定の立案では「時間当り採算表」の全科目を1円単位で検討していく。その際には、マスタープランを達成するために収入をどのくらい増やすのか、経費をどれだけ削減して時間を何時間短縮するのかといった詳細な予定と、それを実現するための具体的なアクションプランも含めて考える必要がある。

そのためにはリーダーが現場のことをよくわかっていなければならない。現場をよく知るリーダーのもと全メンバーが真剣に検討することで初めてリーダーの意志が入り、かつ実際に現場が活動できる予定を組み上げることができる。リーダーはメンバーひとりひとりと打ち合わせをしたうえで具体的なテーマとアクションプランを与え、1カ月間にどのような活動をしてもらうかを明確にしていく。

たとえば、ある製造部門のアメーバリーダーが「生産性を改善して残業時間を50時間削減し、時間当りの採算を1カ月で200円向上させる」という目標を掲げたとしよう。その際にリーダーは、段取り時間を削減するなどといった具体的なアクションプランと、その改善効果を具体的な金額で示さなければならない。

さらには、担当者ごとにアクションプランを決める必要もある。スムーズに作業がおこなえるように材料の置き場所を変えたり、標準作業時間を短縮したりするなどのアクションをそれぞれ誰に担当してもらうのか、全員の意見を聞きながら決定する。そのうえで進捗を担当者に任せきりにせず、必要に応じてフォローしていく。こうしてメンバーのやる気を引き出し、巻き込んでいくのである。

メンバーひとりひとりのアクションプランに落とし込むことで、それが自分たちの目標であるという意識が生まれる。

日々採算をつくる

立案された予定を遂行する際には、月の初日から日々の実績を着実に積み上げ、月末には確実に達成されることが求められる。「日々採算をつくる」のである。

そのためにも、日々実績の進捗を確認することが重要である。月末に集計された時間当り採算表だけを見て「予定を達成できた」あるいは「達成できなかった」と振り返っているようでは、経営をしているとはいえない。

このことを稲盛は次のように述べている。

「経営というものは、月末に出てくる採算表を見ておこなうのではありません。細かな数字の集積であり、毎日の売上や経費の積み上げで月次の採算表がつくられるのですから、日々採算をつくっているのだという意識を持って経営にあたらなければなりません。日々の数字を見ないで経営をおこなうのは、計器を見ないで飛行機を操縦することと同じです。これでは、飛行機はどこへ飛んでいき、どこに着陸するのかわからなくなってしまいます。同様に日々の経営から目を離したら、目標には決して到達できません」

特にアメーバリーダーには、メンバーの取り組みが実績にどう反映されているかを日々、確認することが求められる。

たとえば、その月の稼働日が20日の場合、予定を達成するには1日あたり5％の実績を積み上げていく必要がある。もし月中に遅れが出ていたら、速やかに原因を追究し、対策を講じる必要がある。日々現場で起こる問題に対し、すぐに手を打つことが求められるのである。

そのためにも、日々採算をつくるためには（第4章で述べたように）毎日の実績の推移をリアルタイムで把握できることが不可欠である。リアルタイムで把握できるからこそ、皆が自部門の実績に関心を持ち、リーダーが示した挽回策の必要性を理解しながら積極的に協力するようになるのである。

全員が力を合わせて日々の実績を積み上げれば、月次予定を達成したときの喜びも大きくなる。日々採算をつくることは組織の一体感を高めるためにも欠かせないものである。

業績検討会で人が育つ

アメーバ経営では、着実に目標を達成していくために「時間当り採算表」を用いた業績検討会（通称アメーバ経営会議）を開催する。

業績検討会の目的は、マスタープランを達成するために、各アメーバの現状と課題を共有し、問題の解決策を明らかにすることである。階層別におこなわれ、最上位の階層でおこなわれる業績検討会には、経営トップである社長と幹部が出席する。このほか、課長とその部下である係長が参加する課単位の会議や、営業部門と製造部門による会議などもある。さらには必要に応じて臨時でおこなわれる会議もある。

社長が参加する業績検討会の場合、進行は次のようになる。

まず、会議冒頭で社長が、全社の前月実績と当月予定、経営環境、経営状況、今月取り組むべき重点課題などを発表する。

その後、アメーバリーダーが順次、それぞれのアメーバの前月実績と当月予定、アクションプラン、課題を発表し、社長や幹部が「時間当り採算表」にもとづいて質問やアドバイスをおこなう。予定と実績の差異や実績の推移を見ることで問題の核心をとらえ、適切な指導をおこなうのである。

製造部門のあるアメーバから「総生産は予定より少なく、しかも総時間は予定を大幅に超えた」という前月実績の報告があったとする。理由を問いただすと「品質問題が発生して製品を出荷できず、総生産が落ちた。遅れた分を取り戻そうと残業をしたために総時間が増えた」という。こうした場合には、「そのような重大な事項をなぜすぐ報告しないのか」と指導するとともに、同席している技術部門のメンバーに意見を求め、その場で品質問題の再発を防ぐ方法を議論し、アクションプランに落とし込んでいく。

課題があれば出席者全員で徹底的に議論を重ね、その場で結論を出す。重要な検討事項であれば会議時間が予定を大幅に超過することもあるが、自由闊達に議論できる場をつくり出し、会議での議論を通して部門を経営していくうえでの考え方や判断基準を全出席者が学べるようにしていくことが重要である。そうすることでマスタープランの達成につながるだけでなく、経営者意識を持つ人材が育つのである。

E社での会議運用

では、再びE社を用いて会議の運用事例を紹介しよう。前述したとおりE社では、アメーバ経営導入2年目にマスタープランの運用を軌道に乗せており、業績検討会は毎月上旬に開催されている。出席者は、共同経営者をつくるというねらいから、社長と部長に加えて課長と係長である。それまで社長と接する機会が少なかった課長と係長にとっては、経営トップに自分の考えを直接伝えたり指導を受けたりできる貴重な場となっていた。

2014年8月度におこなわれた会議は、かねてから社長方針として示されている「8月度単月黒字」を実行する月であることから、会議冒頭で社長がその実現を強く訴えた。

その後、各部門が7月実績と8月予定を報告すると、社長からは8月度単月黒字化を実現するための指示やアドバイスが繰り返された。同時に社長は出席者に意見を求め、アイデアを採用することで、目標を達成したいという全員の熱意を引き出していった。

会議終了後には「決起コンパ」が実施された。社長は部長や課長、係長の日ごろの努力に感謝の意を伝え、全員の席を回り、その労をねぎらった。

翌日、課長や係長がアメーバのメンバーに会議やコンパの状況を伝えると、メンバーたちは、社長や部長はもちろん、課長や係長も本気であることを感じ取った。それまでは「社長が言っているのでそうなればいいけれど」という程度の感覚で受けとめていたが、意識が変わり、日々の仕事で一層の経費削減と時間短縮に努めるようになっていった。

結果、歩留まり改善による経費削減や作業効率化をはかることで時間削減も果たした。9月初旬に発表された8月度実績は見事に予定を達成し、単月黒字化を実現することができた。

月初めにおこなわれたコンパで予定達成の喜びを分かち合うと職場の一体感はますます高まり、勢いをそのままに9月度も予定を達成し、上期トータルでも各項目でマスタープランを達成することができた。

多くの社員がぜひ通期でもマスタープランを達成したいと強く思った。

実践事例　日本航空での機内販売の取り組み

次に、月次採算の観点からおこなわれた日本航空での改革事例として、客室本部による機内販売の取り組みを紹介しよう。

航空機に搭乗する客室乗務員（CA）が担うのは、主に「保安業務」と「サービス業務」の2つである。このうちサービス業務には、乗客へのドリンクや機内食の提供、機内アナウンスなどの業務のほか、機内販売がある。

アメーバ経営を導入する前の日本航空では、機内販売の対象となる商品は別の部門が選定しており、ＣＡの役割は与えられた商品を販売することだった。また、機内で乗客から声をかけられたときに対応するのが一般的で、機内販売の売上を増やすことや採算を考える社員はほとんどいなかった。このため、売れ残りも多く、期末には多額の在庫を処分して赤字になることもあった。

こうした状況を知った稲盛はアメーバ経営導入にあたり、機内販売は十分に利益が出せるはずであり、ひとつの事業として独立採算にすべきだと判断した。そこで、販売する商品の選定と値決めは、乗客のニーズを一番よく把握しているＣＡがおこなうこととし、さらには毎月の売上と利益の予定を立案して日々、便ごとに採算も見るようにした。

するとＣＡたちは、何を販売すべきか、どこから仕入れるべきか、値決めはどうすべきかを皆で集まって真剣に議論するようになった。

自分たちで販売する商品を自ら選び、値決めをするようになったＣＡは、商品に愛着がわき、乗客にさらに喜んでもらおうと努力するようになった。また、月次の目標達成を意識するようになり、フライト中、乗客に一生懸命商品の説明をおこない、結果として売上も増えていった。ＣＡの採算意識が高まったことで、機内販売は十分に採算が取れる独立した事業となっていったのである。

4 ひとりひとりの社員が主役

アメーバリーダーは自らの意志で計画を立て、日々採算をつくる活動にメンバーを参加させていく。こうした取り組みを進めるためには、アクションプランを実行するメンバーひとりひとりをやる気にさせる必要があり、その要諦は「従業員をやる気にさせる7つのカギ」として本章の冒頭で述べたとおりである。

このことを具体的に進めていくには、職場内のコミュニケーションに加えて、仕事から離れた場面でもリーダーとメンバーが率直に話し合ったり、理屈抜きに一緒に楽しんだりすることも大切である。そのためにおこなわれるのが、社員同士が酒食をともにして交流をはかるコンパや社員旅行、運動会といった行事である。

また、フィロソフィの浸透も同様である。アメーバリーダーがメンバーに語りかけることはもちろん、全社員がフィロソフィを学べる場を設けたり、学ぶための教材を用意したりすることで一層促進される。

さらには、フィロソフィを実践し、リーダーシップを発揮しているかどうかで社員を評価し、登用していくことも重要である。時間当り採算に出てくる数字だけでなく、組織を長期的に成長発展させられる本当の実力を身につけた人物を評価する仕組みを持たなければならない。

ここからは、ひとりひとりの社員が主役になる風土づくりのための取り組みを紹介する。

コンパで本音を語り、信頼関係を築く

日本企業では社員同士の親睦をはかるために懇親会など酒食の機会を設けることが多い。それは、プライベートな話題で互いを知り合う場や、ときには仕事への批判や愚痴を言い合ってガス抜きをする場となるが、あえて主催者が明確な意図を持って酒食の機会をつくることはあまりないのではないだろうか。

アメーバ経営では、リーダーがメンバーにフィロソフィを伝えたり、部門の課題を共有したり、将来への夢を語ったりするためにコンパがおこなわれる。

その原型は、京セラ創業期に稲盛が折に触れて部下を集め、夜鳴きうどんや焼酎を振る舞った懇親の場である。納期や仕様面で厳しい対応を迫られている部下を元気づける、あ

るいは真剣に仕事に取り組むあまり厳しく叱責した部下に将来の夢や仕事の意義を説くなど、彼らと本音で語り合ったのである。

その後、京セラが成長して社員数が増えると、トップと社員が互いに知り合い、日ごろの感謝の気持ちを伝えるという意味も持つようになった。

こうしたコンパは日本航空をはじめアメーバ経営を導入した企業でも活発におこなわれており、業績検討会や経営方針発表会の後、あるいは業績が厳しいときなど、さまざまな機会を設けて開催されている。

酒食をともにすると人間関係はさらに親密なものとなる。社員同士の信頼関係を築いて一体感を高め、全員参加経営を実現するためにもコンパは欠かせない経営の要であり、心をベースとした経営の基盤である。

社内行事で一体感を醸成する

一般的な企業が運動会や夏祭り、レクリエーションなどの社内行事を開催する際には自由参加とすることが多い。これに対しアメーバ経営では、社内行事は組織の一体感を高めるための機会ととらえ、全社員の参加を原則とする。

運動会であれば、経営トップや役員幹部も全員が出席し、それぞれのチームで徹底的に勝負にこだわる姿勢を率先して示してチームをまとめていく。どのチームも事前練習を懸命に重ね、当日も真剣に競技に臨んでベストを尽くすのである。

プログラム編成上、やむを得ず競技に参加できない人がいても、応援には力を入れるようにしている。

京セラでは、「運動会で好成績を収める部門ほど、団結力が強く、業績もよい」といわれている。社内行事は、仕事も遊びも全員が一体となり、精一杯取り組むという全員参加の企業文化づくりに大いに役立てられている。

フィロソフィ教育で判断基準や行動規範を共有する

一般的に社員教育といえば、正社員を対象とした新入社員研修や若手社員向けの基礎研修、管理職のためのマネジメント研修、専門技術研修などを思い浮かべるだろう。

これに対し、アメーバ経営でおこなわれるフィロソフィ教育は、一緒に働く仲間が日々の仕事で共通の価値観をもとにして判断したり行動したりすることができるように全社員で学ぶものである。

その講師は原則として経営者自身が務めるべきである。第1章で述べたとおり、経営トップと従業員との哲学の共有が欠かせないからである。とはいえ、企業規模が大きくなればすべてを経営者がおこなうわけにもいかないので、幹部などしかるべき人物を選び、講師を務めてもらうのがよい。

さらには、フィロソフィを成文化し、「手帳」にして社員に配布するのもよい。実際、フィロソフィ手帳の編纂は、京セラだけでなく、ＫＤＤＩや日本航空、さらにはアメーバ経営を導入した数多くの企業で実施されている。手帳を教材にして継続的・定期的にフィロソフィ教育を実施すれば、その真意がより正しく理解されるようになる。

実力主義にもとづく人事制度

アメーバ経営では人事評価においても、単に時間当り採算実績の絶対値の高低のみを評価基準にすることはない。短期的な成果や採算実績にのみフォーカスするのではなく、中長期的に業績を伸ばして事業を成長発展に導き、フィロソフィを実践し、経営理念の実現に貢献できる人材を評価し、登用する。

たとえば、業績向上に向けて果敢にチャレンジする姿勢を評価する。最もよいのは「チャレンジして成功した社員」である。その次に評価すべきは「チャレンジして失敗した社員」である。その次が「チャレンジせずに成功した社員」で、最後が「何もせず失敗した社員」である。

評価基準を明確に示したうえで、たとえ十分な経験がなくても、すばらしい人間性と能力、仕事に対する熱意を持ち、また人間として信頼と尊敬を集める人物、すなわちフィロソフィを実践している人物をリーダーに任命し、会社をリードしてもらうのである。登用されたリーダーは実力を発揮して実績を残すに従い、長期的にその実力にふさわしい処遇となっていく。

また、リーダーの交代にもフレキシブルに対応できるというのが、アメーバ経営の人事制度の特徴でもある。第3章でも述べたように、アメーバ経営では組織の新設や統廃合が頻繁におこなわれ、たとえば部長が課長になるといった役職の変更もありうる。

これらをスムーズに進めるためにも役職と賃金を連動させず、組織変更や役職変更があるたびに社員が収入の増減を気にしなくてもよいようにしている。

具体的には、賃金のベースに資格等級制度を用いて役職手当ては設けない、という仕組みである。

実践事例　日本航空でのフィロソフィ浸透

フィロソフィが浸透することで社員の意識にどのような変化がもたらされるのか。このことを日本航空の事例で見てみよう。

第2章で述べたように日本航空は、再建中の2010年に「JALフィロソフィ」をまとめ、その翌年「JALフィロソフィ手帳」を発刊した。同手帳はただちに英語版、中国語版がつくられ、世界中のJALグループの社員に配られた。その後、手帳を教材にしてJALフィロソフィ教育が始まり、グループ社員は雇用形態に関係なく全員が定期的に受講するようになった。

このほか、フィロソフィをいかに理解し、実践しているかを発表する「JALフィロソフィ発表大会」や、社員有志による自主勉強会、さらには社内報で毎月特集を組むといったフィロソフィを浸透させるための取り組みを継続的に実施している。

こうした取り組みによって日ごろからフィロソフィに触れる環境が整うことで、その内容に共感する社員たちが人間的に成長し、よりよい生き方を目指すようになる。ここでは、フィロソフィがJALグループ社員の意識にどのような変化をもたらしたかを、ある海外現地採用の客室乗務員の事例をもとに紹介したい。

その社員は、日本語での商品説明の難しさや責任の重さなどから機内販売業務を敬遠しがちだった。しかし、ＪＡＬフィロソフィにある「地味な努力を積み重ねる」「常に明るく前向きに」といった項目に触れることで心境が変化し、自ら積極的に業務を引き受けるようになっていったという。

彼女はこう述べている。

「自分には経験がないし、いつも誰かほかの人がやってくれる。だから私はやらなくていい。いつの間にかこう思い、人に頼ることが習慣になっていました。しかし、これではいけない。どんなことにも明るく前向きに全力投球で取り組もう。少しずつでもいいから仕事の幅を広げていこう。ＪＡＬフィロソフィを学ぶことで、そう考えるようになっていきました」

実際に仕事を引き受ければ当然、わからないことも出てくるが、彼女はそれを勉強の機会だととらえ、ひとつずつ上司や先輩に質問して理解を深めていった。可能なかぎり、同僚の仕事も手伝い、経験を積むようにもした。

行動が変われば、それを見る周囲の目も変わる。上司からの信頼を得て、その他にもさまざまな仕事を任されるようになると、そのひとつひとつに前向きにチャレンジすることでさらに新たな経験を積み、成長するという好循環が生まれていったという。

フィロソフィを学ぶことで人間的に成長し、その結果、自分の仕事の可能性が大きく開かれていったことを実感した同社員は次のような感想も述べている。

「稲盛名誉会長（役職は当時）が著した『生き方』や『働き方』などの本を読み、いまでは『敬天愛人』という理念を心から信じています。私にとってＪＡＬフィロソフィは、よいと思う、あるいは称賛するというレベルにとどまりません。ＪＡＬフィロソフィは、仕事を導くものにとどまらず、人間として正しい考え方、生き方でもあると思っています」

このように、フィロソフィを学ぶことで自分自身の生き方や働き方を振り返り、自らを成長させるという変化が生まれる。フィロソフィを策定し、フィロソフィ教育を実施した結果、少しずつではあるがひとりひとりの社員の心と行動が変化し、それが全社に広がることで企業風土も大きく変わっていくのである。

パート・アルバイト社員も含めた全員参加経営

最後に、フィロソフィをベースにした部門別の採算管理が機能し、増収増益を続けている大手外食チェーンの事例を紹介したい。

約750店舗を展開している同社は、約500名の社員と約1万名のパート・アルバイト社員を抱え、アメーバ経営を導入するとともに独自のフィロソフィを策定している。

それまで同社は順調に出店を続けていたが、2012年に減収減益となり、その成長にブレーキがかかった。経営環境の悪化もあったが、現場の主力であるパート・アルバイト社員の意識や行動が要因であることに経営陣は気づいていた。たとえば、同じ商品でも店舗によって味にばらつきが生じていた。本部がまとめたマニュアルが守られず、本来のおいしさがお客様に伝わらない、あるいは品質が守られないという問題が起きるようになっていたのである。

また、本部が「5S」の徹底を指示しても、現場で適切に実施されておらず、店舗の清潔感は保たれていない、生産性があがらないという状況も一部に見受けられた。

これは、従業員数や店舗数が急増する成長期ゆえに社員教育や店舗指導が追いつかず生じる課題でもある。急成長するなかでも収益性を向上させ、社員の意識改革を進めるためにアメーバ経営が導入された。

最初に効果を発揮したのは刷新された会議だった。それまで現場の社員が出席する会議は、エリアマネジャーと店長による月例報告会だったが、これを「時間当り採算表」を用いた業績検討会に変えた。さらには、パート・アルバイト社員の責任者も会議に出席するようにした。

席上で「売上最大、経費最小」に向けた意見を募ると、パート・アルバイト社員からも多様なアイデアが出るようになっていった。エリアマネジャーと店長のあいだのコミュニケーションも変わり、予定達成に向けてどのようなアクションを取るかなどの議論が本音でなされるようになっていった。

エリアマネジャーにとっても、各店舗のアクションプランが明確になることで、それぞれの店長がどのような考えで計画を進めようとしているのかがはっきりと把握できるようになっていった。そのうえで、各店長から毎日、実績報告をあげてもらうことで日々各店舗を比較しながら、具体的な指導をおこなえるようになった。

さらには、店長やエリアマネジャーから独自の企画が提案されるようになり、店舗限定のセットメニューや商品として実現する事例も増えた。

現場のパート・アルバイト社員も会議への参加を通して全社的な課題と各店舗の課題を

意識するようになり、店舗運営に対する責任感が高まった。

さらには月次予定を意識するようになり、店舗のバックヤードに月次予定の目標値とアクションプランが張り出されると、日々の実績を確認しながら業務にあたるようになっていった。

独自のフィロソフィの導入も効果的だった。フィロソフィ手帳が配布され、朝礼やフィロソフィ教育の場での輪読がおこなわれることで社員たちのあいだに浸透していった。さまざまな課題に対して、パート・アルバイト社員も含め全員がお互いの考えや思いを述べ合い、前向きな方法で課題を解決していくようになったのである。

同社ではアメーバ経営導入後、5期連続の増収増益を果たしている。

たゆまぬ努力を積み重ねる

これまで述べてきたように、フィロソフィをもとにしてアメーバ経営を導入すれば企業は確実に成長発展を遂げていくことができる。このことは、京セラとKDDIの躍進、日本航空の再生、さらにはアメーバ経営導入企業の業績改善の実績が示すとおりである。

しかし、アメーバ経営を導入し、いったんは業績を向上させながらも、その後停滞してしまった企業もある。アメーバ経営の効果を持続できる企業とそうでない企業の差はどこにあるのだろうか。その差を生み出す原因として最も注意すべき点は何だろうか。

それは、本来であればアメーバ経営を率先垂範すべき社長自身の慢心である。経営トップは常に謙虚に努力し続けなければならない。

人の心とは弱いものである。すばらしい情熱と考え方を持った経営者であっても、ひとたび業績を伸ばすとどうしても油断や驕りが生じてしまう。「リーダーが育ってきたから、彼らに任せてもいいだろう」と思い、知らず知らずのうちに現場から遠ざかってしまったり、あるいは謙虚さを失い、心を高める努力を怠るようになってしまったりする。

経営者がそうした姿勢を取っていたら、社員をやる気にさせ続けることはできず、せっかく築き上げた全員参加の企業文化も崩れてしまう。

このことを稲盛は、「謙虚にして驕らず、さらに努力を――現在は過去の努力の結果、将来は今後の努力で」と強く戒めている。

アメーバ経営は、制度や仕組みだけで成り立っているものではない。アメーバ経営を正常に機能させるためには、本章の冒頭でも述べたとおり、経営トップの熱意と哲学が不可欠である。

この経営の原点を忘れ、一度アメーバ経営の仕組みをつくりあげたら後は現場の社員たちがやる気になって働いてくれるだろうと勘違いしていると、アメーバ経営はいつの間にか形骸化してしまう。

アメーバリーダーが経営者の分身として育つかどうか、現場の社員がやる気になって組織が燃える集団になれるかどうかは経営者にかかっている。アメーバ経営の起点となるのは経営者自身の不断の努力と哲学である。これがアメーバ経営を正常に機能させ、ひいては企業を永続的に発展させていくのである。

あとがき

アメーバ経営が誕生して半世紀あまりが過ぎた。

かつて京セラのみで用いられていた管理会計手法であるアメーバ経営は、今日では全員参加経営を実現し、高収益をもたらす総合的な経営システムとして、多くの企業で導入されている。

その代表格は、稲盛自身が経営に携わったＫＤＤＩと日本航空だろう。両社はいずれも、日本屈指の高収益企業として成長を続けている。

また、京セラコミュニケーションシステム（ＫＣＣＳ）のアメーバ経営コンサルティングを受けた企業数も７００社を超えるにいたった。社員数が数十名、売上は数億円という中小企業から、社員を数万名擁し、売上も１兆円台の大企業までを対象に、業種も多岐にわたって導入され、それぞれが成果をあげている。

本書のまえがきで「長期にわたる日本経済の低迷は、企業が社員ひとりひとりの思いや能力を十分に生かすことができなくなっているために引き起こされている」と述べたが、会社で働くすべての人が自らの役割を果たそうと使命感と責任感を持ち、それぞれの持ち場・立場で持てる能力を存分に発揮することは、これからの企業経営においてさらに必要となってくるだろう。

そのために、本書で述べたアメーバ経営は大きな力を発揮するものと確信している。その結果として高収益企業が多数輩出され、日本経済が再び力を取り戻すことを心から願っている。

最後に、本書の出版にあたっては、日本経済新聞出版社の伊藤公一氏から企画と編集の両面において多大なご支援をいただいた。氏の尽力がなければ本書が世に出ることはなかった。執筆に携わったＫＣＣＳのメンバーを代表して心から感謝を申し上げたい。

２０１７年８月

京セラコミュニケーションシステム株式会社　顧問　大田　嘉仁

稲盛和夫（いなもり・かずお）
1932年、鹿児島県生まれ。鹿児島大学工学部卒業。59年、京都セラミック株式会社（現京セラ）を設立。社長、会長を経て、97年より名誉会長を務める。84年に第二電電（現KDDI）を設立し、会長に就任。2001年より最高顧問。2010年には日本航空会長に就任。代表取締役会長、名誉会長を経て、15年より名誉顧問。このほか、1984年に稲盛財団を設立し、「京都賞」を創設。毎年、人類社会の進歩発展に功績のあった人々を顕彰している。また、若手経営者が集まる経営塾「盛和塾」の塾長として、後進の育成に心血を注ぐ。
主な著書に『稲盛和夫の実学』『アメーバ経営』『ガキの自叙伝』『高収益企業のつくり方』『人を生かす』『従業員をやる気にさせる7つのカギ』（いずれも日本経済新聞出版社）『成功への情熱』（PHP研究所）『生き方』（サンマーク出版）『働き方』（三笠書房）『考え方』（大和書房）などがある。
http://www.kyocera.co.jp/inamori/

京セラコミュニケーションシステム株式会社
ICT、通信エンジニアリング、環境・エネルギーエンジニアリングを手がけ、企業の情報基盤や社会の通信基盤、環境との共生基盤の構築・運用支援をおこなうほか、京セラ独自の経営管理手法「アメーバ経営」の導入支援を軸にした経営コンサルティングをおこなう。以下は本書編集委員会のメンバー。

顧問　大田嘉仁
代表取締役社長　黒瀬善仁
コンサルティング事業本部
本部長　松井達朗
副本部長　青木克真
堀　直樹、川村真吾
天畠慎司、松永一博
早川啓介、八代彩子
瀬山暁夫、春日宏紀
京セラ株式会社　木谷重幸

http://www.kccs.co.jp

稲盛和夫の実践アメーバ経営
全社員が自ら採算をつくる

2017年9月1日　1版1刷

編著者：稲盛和夫
京セラコミュニケーションシステム
© Kazuo Inamori, KYOCERA Communication Systems, 2017
発行者：金子　豊

発行所：日本経済新聞出版社
http://www.nikkeibook.com/
東京都千代田区大手町1-3-7　〒100-8066
電話03-3270-0251（代）

DTP　タクトシステム
印刷・製本　中央精版印刷

ISBN978-4-532-32161-1
本書の内容の一部あるいは全部を無断で複写複製（コピー）することは、
法律で認められた場合を除き、著者および出版社の権利の侵害となります。
その場合は、あらかじめ小社あてに許諾を求めてください。
Printed in Japan

「アメーバ経営」とは、京セラ創業者の稲盛和夫が、京セラの経営を通じて構築した経営管理手法です。

「アメーバ経営」は京セラ株式会社の登録商標であり、商標権等の権利は、京セラ株式会社に帰属します。

日本経済新聞出版社の好評既刊書

稲盛和夫の実学
経営と会計

稲盛和夫

会計がわからんで経営ができるか。バブル経済に踊らされ、大不況を招いた経営者は何がわかっていないのか。キャッシュベース、筋肉質経営、完璧主義、公明正大な経理――。今こそ求められる稲盛流「経営のための会計」。

●1200円

アメーバ経営
ひとりひとりの社員が主役

稲盛和夫

ひとりひとりの社員が主役！　小さな独立採算組織にすることで、創意工夫が生まれる現場をつくる。7名の仲間と始めた会社を従業員6万人の世界的電子部品メーカーにまで育て上げた独創的経営者の47年間の集大成。

●1500円

稲盛和夫の経営問答
人を生かす　新装版

稲盛和夫

人を育て組織を活性化させるためにリーダーは何をすべきか？　稲盛氏ならどうするか？　誰もが直面する人材育成の悩みや疑問に稲盛和夫氏が答える。シリーズ累計30万部突破。「経営問答」好評既刊の新装版。

●1600円

稲盛和夫の経営問答
高収益企業のつくり方　新装版

稲盛和夫

採算管理を徹底し高収益の基盤をつくるには？　新分野に進出するときの成功のカギは？　リーダーが直面する真剣な悩みや疑問に稲盛和夫氏が答える。シリーズ累計30万部突破。「経営問答」好評既刊の新装版。

●1600円

稲盛和夫の経営問答
従業員をやる気にさせる7つのカギ

稲盛和夫

「これこそが経営者の努めであり、経営の原点である。そのことを私は、日本航空の再建を通じて、あらためて実感した」。稲盛和夫氏が一問一答形式で、企業経営者の真剣な悩みや疑問にこたえる経営指南書の最新作。

●1600円

●価格はすべて税別です